SARKO FOLIE'S

PIERRE DOUGLAS

SARKO FOLIE'S

éditions du ROCHER

ISBN : 978-2-268-07002-5

À Jean Amadou,
mon ami, mon maître.

« La dissolution de l'Assemblée nationale dans de l'acide sulfurique ne peut être considérée que comme une solution de désespoir. »

Pierre Dac

« Il n'est pas de problème, si compliqué soit-il, que l'absence de solution ne finisse par résoudre. »

Henri Queuille

Chiche qu'il va nous manquer !

13 mars 2007

Les Français qui ont installé le président dans les palais de la République depuis trente ans peuvent élire son successeur sans inquiétude : Chichi a trouvé un logement prêté, donc gratuit. Quel soulagement ! Notre grand sortant devant quitter l'Élysée le 16 mai et l'attente pour un appart à Paris étant en moyenne de deux ans, je me demandais si je n'allais pas prier Delanoë de rajouter une tente sur les bords du canal Saint-Martin pour abriter Chichi et Bernadette. Cela dit, il va leur falloir prendre de nouvelles habitudes. Après tout, cela fait trente ans qu'ils n'ont pas fait le café. Espérons qu'un des deux au moins arrivera à trouver le filtre. Tout ça va être dur. Comme a dit récemment Bernadette : « Vous nous voyez tous les deux tout seuls en train de manger la soupe préparée par moi-même en regardant le journal de 20 heures ? » Et puis il y a les sous. J'apprends avec stupéfaction que le patrimoine de Chichi a diminué depuis son arrivée au pouvoir. Que Ségo et Sarko le sachent : quand on est président, on perd de l'argent, et on risque de finir sa vie au volant d'une vieille 205 qui ne démarre plus qu'à la manivelle. Chichi aurait mieux fait de présider EADS : avec 6 millions de stock-options, il aurait pu au minimum s'acheter une bagnole neuve. Il paraît qu'il reste des fonds secrets, mais avec le réchauffement de la planète tout le monde sait que le liquide s'évapore. En attendant, Chichi va vivre quai Voltaire dans un appartement de 180 mètres carrés. Bernadette l'a visité, cela lui a plu sauf les peintures, mais les frais devraient être limités car il n'y aura que des pièces jaunes. Il est également intéressant de noter que le quai Voltaire, c'est une adresse stratégiquement inespérée : Chichi pourra aller à pied au musée d'Orsay, à la messe à Notre-Dame ou au Palais de justice. Et là, si on lui propose la (S)anté il trouvera facilement un véhicule avec chauffeur. En tout cas, nous pouvons tous être soulagés, car dans la situation de notre futur ex-président : sans boulot, sans domicile fixe, sans enfant scolarisé et sans électeur, on aurait compris que Sarko le mette dans un charter.

Debout, les ralliés de la terre !

7 avril 2007

Lorsque Mme Alliot-Marie a décidé de soutenir le petit Nicolas dans sa course vers le pouvoir suprême, on lui a dit qu'elle se ralliait. S'estimant offensée, et n'ayant besoin de personne pour se défendre (n'est-elle pas ministre de la Défense ?), elle a dit qu'il s'agissait non d'un ralliement mais d'un soutien. Le dictionnaire, moins intransigeant, rappelle que « rallier », c'est rapprocher, mettre d'accord. Mais il dit aussi que « l'intérêt peut rallier les pires adversaires ». Cela éclaire beaucoup mieux les remarquables ralliements dont certains candidats profitent depuis quelques jours. L'un des grands adeptes du ralliement est l'acteur Roger Hanin qui a décidé de doubler son effort : au premier tour, il votera pour Marie-George Buffet, championne antilibérale, et au second tour pour Sarko, champion du libéralisme. Étant donné l'âge et la condition physique de Navarro, on ne peut qu'admirer ce grand écart : non seulement il va changer d'avis à 180 degrés en quinze jours, mais encore il s'y prépare depuis des mois. Si le grand écart était une discipline olympique, Hanin serait médaille d'or.

J'ai bien aimé aussi le ralliement d'Azouz Begag, le ministre démissionnaire de l'Égalité des chances, qui a répondu aux menaces de Sarko de lui « casser la gueule » en rejoignant Bayrou. Ainsi, Begag pourra voter pour quelqu'un, alors qu'en octobre dernier il avait dit : « Même si Villepin ne se présente pas je voterai pour lui. » En tout cas, par rapport à Roger Hanin, Azouz Begag ménage ses adducteurs : son ralliement n'est pas un grand écart. Bayrou bénéficie également du ralliement du ministre François Goulard, chargé de l'Enseignement supérieur. C'est un renfort de poids : Goulard est pragmatique, il a dit : « Avec un seul candidat, le choix est restreint ! » J'ai gardé pour la bonne bouche celui que me paraît être le champion du ralliement 2007 : après l'intellectuel Doc Gyneco qui doit des millions au fisc, après Johnny Hallyday qui a décidé de priver le fisc de ses millions, voici que Nicolas récupère la voix du célèbre milliardaire – ruiné – détenu – libéré – mitterrandiste – ministre – socialiste – comédien et enfin droitiste, Bernard Tapie ! Ce n'est plus du grand écart, c'est du slalom géant. Tapie aurait bien mérité lui aussi une médaille d'or. Il aurait fallu pour cela que la girouette fût un sport olympique. Que Tapie ne se sente pas insulté. Il lui suffit de se rappeler la formule du radical Edgar Faure : « Ce ne sont pas les girouettes qui tournent, c'est le vent ! »

Le cabot de la République
Un jour aux courses
21 avril 2007

Mesdames et messieurs, bonjour,

Ici Léon Zitrone à Longchamp où nous allons vivre le final du grand prix du président de la République, qui met aux prises trois pouliches, huit pur-sang et un vieux cheval de retour, borgne qui plus est, dans une course qui pourrait déjouer tous les pronostics. En effet, au départ, la victoire paraissait devoir se disputer entre la pouliche Ségolène, montée depuis longtemps par le jockey François Hollande, et le pur-sang « tout est possible » monté par le petit jockey Nicolas. Jusqu'à présent, les bookmakers faisaient peu de cas des chances de la jument Voynet, casaque verte, ni de celles de la vieille pouliche « lutte révolutionnaire » montée depuis trente-cinq ans par « Arlette la travailleuse ». On ne voit pas non plus le jockey Nihous réaliser une performance, car il paraît plus intéressé par la pêche que par la chasse. Quant au facteur Besancenot, force est de constater qu'il ne pourra jamais figurer en bonne position tant qu'il refusera de troquer son vélo pour un cheval et son sac à dos pour une casaque. Mais voici que dans la dernière ligne droite, alors que la pouliche Ségolène a remplacé sa toque rose par une casaque bleu, blanc et rouge et que le jockey Nicolas, dont la monture paraît génétiquement surexcitée, voit son vieux collègue le borgne lui fouetter le flanc droit dans un effort extrême, voici donc que, surgissant du diable vauvert, arrive François le Béarnais, dont on se demande ce qu'il fout sur un tracteur ; et pourtant, il remonte dangereusement ses deux principaux adversaires au point de menacer l'ordre médiatiquement établi depuis des mois. S'il peut passer, c'est entre les deux chevaux de tête, c'est-à-dire au centre. Il est impressionnant. On connaissait la brouette japonaise, voici maintenant le tracteur béarnais qui réussit un formidable double axel auquel on ne s'attendait pas. Cela va se jouer dans un mouchoir, nous sommes à deux cents mètres de la ligne et je suis incapable de vous donner une idée de l'ordre de ce tiercé, si ce n'est qu'il devrait y avoir photo pour la deuxième place. Je ne vois plus rien, ici Longchamp, à vous les studios !

À QUI LE (SECOND) TOUR ?

5 mai 2007

Nous sommes, paraît-il, quarante-trois millions
À désigner, demain, le champion des champions.
Pour la première fois depuis mille huit cents ans
Les finalistes sont de sexe différent.
Nous attendons la fin d'un combat singulier
Entre deux personnages assez particuliers.
Ils n'ont qu'un point commun, et c'est original :
Oui, ils vont disputer leur première finale.
Mais cela mis à part, tout les oppose en somme.
Oublions qu'elle est femme et qu'en face il est homme,
Même s'il apparaît qu'ils ont appris leur rôle :
Elle est meilleure en gestes et lui, c'est en paroles ;
Il est vrai qu'en parlant elle semble un peu gauche ;
Lui s'exprime assez bien : c'est ainsi qu'il débauche
Un retourneur de veste qui, en bon vassal,
Trois mois plus tôt bossait auprès de sa rivale ;
Vous aurez reconnu ce bonhomme navrant
Qui aime dire : « a – Besson – nous au plus offrant. »
Elle aime bien les bêtes, ardemment les défend,
Mais ne veut plus avoir affaire aux éléphants.
Il aime les faucons, comme Bush, manœuvrés,

Mais il doit se méfier : parfois les faux sont vrais
Elle invite les jeunes à apprendre à se taire,
Et pour les surveiller, prévoit des militaires.
Il veut abandonner karcher et coups de trique
Croyant savoir que la violence est génétique.
Elle a rêvé d'une jolie pair' de François
Mais Bayrou ne veut pas d'Hollande sous son toit.
Elle est aimée en Chine et a pris l'habitude
D'emprunter aux Chinois un peu de bravitude.
Lui aime les transports tout autour de la terre
Et veut des prix très bas, comme dans les charters.
Ah ! j'allais oublier qu'ils ont eu le mérite
De remplir à leur tour un beau soir le Zénith.
Je comprends qu'à tout ça il faille réfléchir ;
Entre les deux parfois certains cœurs se déchirent
Mais, Dieu merci, il nous reste encore une nuit
Car demain à 20 heures, eh oui, ce sera cuit.
Mieux vaut, disait Pierre Dac, et j'y pense sans cesse,
« s'enfoncer dans la nuit qu'un gros clou dans la fesse ».

L'ÉQUIPE DE FRANCE

19 mai 2007

Il faut commencer par tirer notre chapeau à l'entraîneur Sarkozy : il a réussi à former une équipe qui joue à droite avec des personnages venus de partout. Voici les stars de cette nouvelle équipe :

GARDIEN : FILLON. C'est le fidèle entre les fidèles. Il a joué avec Giscard, Chirac, Séguin, Balladur, à nouveau Chirac, avant de rallier Sarkozy qu'il ne quitte plus depuis deux ans.

ARRIÈRE-DROITE : ALLIOT-MARIE. Elle a joué en défense et retrouve aujourd'hui un rôle tout à fait à sa mesure : femme d'intérieur.

ARRIÈRE-GAUCHE : BORLOO. Il a joué avec Raffarin et Villepin, et envisagé un transfert chez Bayrou avant de rallier Sarkozy ; attention : il joue parfois personnel.

AVANT-CENTRE : JUPPÉ. Il a toujours joué avec Chirac et montré sa modestie par son attrait pour les HLM, ce qui lui a valu des ennuis. Il a entraîné Sarko qui aujourd'hui le dirige. Donc il est humble. Mais il sait animer une équipe grâce à un humour et une chaleur humaine absolument exceptionnels.

DÉFENSE : MORIN. Il a signé chez Bayrou la veille du premier tour avant de rallier Sarko le lendemain. Comme il le dit lui-même : « Ce n'est pas moi qui ai quitté Bayrou, c'est Bayrou qui a quitté Sarko. »

PILIER : DATI. C'est une personne éprise de justice, qui incarne à elle seule l'immigration, l'intégration et l'identité nationale, bien dans l'esprit de cette équipe de France.

INTÉRIEUR GAUCHE : BESSON. Il a joué à gauche jusqu'à Noël, puis s'est aperçu que pour garder le vent dans le dos, il fallait jouer à droite.

AILIER GAUCHE : KOUCHNER. C'est la vedette inattendue. Non seulement il a toujours joué à gauche, mais il y a moins de deux mois, il critiquait encore l'entraîneur avec violence, lui reprochant de favoriser son aile droite. Mais l'Alzheimer frappe très vite, même un médecin. Après tout, ça peut arriver à tout le monde.

J'allais oublier l'arbitre, c'est-à-dire les 62 millions de Français. Comme disait le général de Gaulle, « ce sont des veaux », mais il ajoutait « ils sont capables de consommer trois cent quarante-trois sortes de fromages différents ». Aussi ne faudrait-il pas qu'à l'instar de Fabien Barthez, le peuple morde l'entraîneur. Celui-ci l'a répété pendant des mois : « Ensemble, tout est possible. » Est-ce que tout est réalisable ? Faut voir.

Qu'est-ce qui fait courir Sarkozy ?

26 mai 2007

Notre Prix Nobel de physique Pierre-Gilles de Gennes ne pourra plus mettre en équation les mouvements du nouveau chef de l'État. Et c'est dommage, car on aimerait bien comprendre ce qui anime ce président déchaîné. S'agit-il du mouvement perpétuel ? On serait tenté de le croire ; mais le dictionnaire dit qu'il s'agit de « la transformation physique d'un système qui produirait du travail sans aucune dépense d'énergie ». Donc ce n'est pas ça car si Sarkozy produit du travail, il déploie une énergie farouche et ne souffre d'aucune transformation physique étant donné qu'on le reconnaît partout où il se déchaîne.

Peut-on lui appliquer la formule d'Einstein : $E = mc^2$? Oui, parce que E = énergie, oui parce m est une masse faible et Sarkozy ne pesant pas très lourd sa vitesse de déplacement est considérable. En revanche, c^2 représente la vitesse de la lumière au carré, et même en supprimant le carré, Sarko ne va pas aussi vite que la lumière. Serait-il affecté de mouvements browniens ? Il s'agit de mouvements aléatoires qui s'observent à l'œil nu, affectant de petits corps en suspension dans un fluide. C'est intéressant : le chef de l'État est toujours visible à l'œil nu, le mouvement en question affecte un petit corps : cela tombe bien ! et l'on sait qu'il est en perpétuelle suspension dans ce fluide multiabsorbant qui s'appelle le pouvoir.

Bref, le mouvement préféré de Sarkozy est le mouvement politique. Il a présidé l'UMP qui existe toujours sans lui, il s'agace de voir l'UDF devenir le mouvement démocrate. Il donne raison à la science : rien ne se perd, rien ne se crée, tout se transforme. Le parcours présidentiel ressemble un peu au Tour de France qui part toujours de l'étranger ; or Sarko a fêté son élection sur l'île de Malte et le jour de la passation de pouvoir il n'a fait qu'entrer et sortir de l'Élysée pour se rendre à Berlin.

On comprend qu'à ce rythme, une heure sur deux, il remplace le costume par le short. Cela fait penser à cette réflexion de Marie-France Garaud, conseillère de Chirac dans les années 1975, qui disait de son poulain : « Chirac est un formidable coureur de 400 mètres haies ; l'ennui c'est que le jour où on retire les haies, il continue à sauter. »

Auto-psy

9 juin 2007

Notre confrère *Le Point* a consacré la semaine dernière une dizaine de pages à un dossier intitulé « Sarkozy et les psys » ; il s'agissait de demander à des psychologues et autres psychiatres de donner leur opinion sur le comportement du président. Ces médecins spécialistes de ce qui se trame dans les cerveaux en général, et dans le cerveau présidentiel en particulier, nous en sortent de bonnes : « Comme tous les ados, il adore les marques, jusqu'à faire son footing avec des lunettes Ray-Ban, un tee-shirt NYPD, des baskets Nike et un iPod ; comme dans les séries policières, il adore s'entourer de gardes du corps. » Le jour de son élection, au lieu d'aller méditer sur l'avenir du pays, il est allé bronzer sur le yacht d'un milliardaire, sans voir que c'était une catastrophe sur le plan de l'image. Il se place avec chacun d'entre nous dans un rapport d'homme à homme ; or, on peut pardonner à un chef d'État de se tromper, mais on n'accepte pas qu'un ami vous trahisse. J'arrête là ces affirmations de psychiatres car, à quelques exceptions près, elles constituent une attaque en règle contre le président, ce que je n'ai ni à cautionner ni à condamner. Je constate simplement qu'en un an, Sarko a inspiré six psychanalystes qui publient aujourd'hui leur ouvrage ; autrement dit, à peine le chef de l'État avait-il sauté du bateau de Bolloré pour s'offrir une Rolex, que ces messieurs se jetaient sur leur page blanche afin d'analyser les gesticulations présidentielles. Les titres de ces ouvrages sont évocateurs : *Les fous qui nous gouvernent*, *Sarkolang*, *Sarkozy corps et âme d'un président*, et mon préféré (je parle du titre), *La Sarkoze obsessionnelle*. Sans avoir lu tout ça, je me dis qu'on devrait laisser le chef de l'État faire sa psy lui-même, autrement dit son auto-psy. Il possède trois qualités que les psychiatres oublient : le courage, le sens du partage et la préoccupation d'autrui. Quand il dit à un pêcheur : « Descends un peu qu'on s'explique d'homme à homme », c'est courageux jusqu'à l'inconscience, car Sarko, tout à son affaire, oublie qu'il a une vingtaine d'agents de sécurité derrière lui qui attendent le pêcheur pour le bouffer tout cru. Quand il enlève sa montre pour la faire circuler autour d'une table d'intellectuels invités à déjeuner à l'Élysée, il fait preuve d'un sens aigu du partage. Et lorsqu'il dit au philosophe Michel Onfray que « la connaissance de soi-même n'a strictement aucun intérêt », c'est bien qu'il ne pense qu'aux autres : il y a là un altruisme qui mérite le respect. Finalement, Sarko doit aimer les psys, car il sait que, comme l'a dit Lacan, « la psychanalyse est un remède contre l'ignorance ; elle est sans effet sur la connerie ».

La pelle du 18 Juin

16 juin 2007

Notre excellent confrère *Le Canard enchaîné* qui, Dieu merci, n'en rate pas une, annonçait dès mercredi que Chichi était convoqué chez le juge après-demain. *France-Soir* peut annoncer aujourd'hui que la première audition de l'ancien président a déjà eu lieu. Voici en exclusivité mondiale des extraits de ce premier interrogatoire.

Le juge : Nom, prénom, âge et qualité.

Chichi : Chirac Jacques, soixante-quatorze ans, ex-président de la République et du RPR.

Le juge : Vous devez savoir qu'il vous est reproché…

Chichi : Est-ce que je peux m'asseoir ?

Le juge : Bien sûr. Je vous disais donc qu'il vous est reproché…

Chichi : Est-ce que cela vous écorcherait la gueule de m'appeler M. le président ?

Le juge : Mais certainement pas ! Monsieur le président, vous savez qu'il vous est reproché d'avoir, dans l'affaire Clearstream…

Chichi : Veuillez épeler.

Le juge : Bien entendu. Vous savez que le général Rondot…

Chichi : Je ne connais qu'un seul général, c'est de Gaulle qui, il y a soixante-sept ans, a lancé un appel…

Le juge : On sait. Moi je vous parle des notes du général Rondot où l'on pouvait lire cette phrase de Villepin : « Si vous dites cela, le PR et moi nous sautons. »

Chichi : Savez-vous à quoi correspondent les initiales PR ?

Le juge : J'allais vous le demander.

Chichi : Poste restante.

Le juge : Est-ce que vous vous foutez de ma gueule ?

Chichi : M. le président !

Le juge : Non, moi c'est M. le juge. Alors je vous pose une question précise : est-ce que oui ou non vous avez confié une mission à Rondot ?

Chichi : Ça ne vous regarde pas.

Le juge : Je vous pose ma question autrement… Avez-vous cherché à nuire à Sarkozy ?

Chichi : C'est une bonne question. Mais notre entretien se termine, car j'ai rendez-vous avec un copain qui dirige une banque japonaise.

Le juge : Méfiez-vous car, comme disait Pierre Dac, l'homme a son avenir devant lui mais il l'aura dans le dos chaque fois qu'il fera demi-tour.

Coup de tonnerre sur le Tour

23 juin 2007

Il était le grand favori. Depuis plus d'un an il avait la faveur de presque tous les pronostics et, malgré une opposition renouvelée et déterminée, on avait du mal à le voir battu. Alors que l'on ne comptait plus ses succès à l'intérieur de l'Hexagone, que ce soient dans les grandes villes, dans les campagnes ou à la montagne (il a accumulé tant de victoires que, par moments, ses adversaires les plus redoutables paraissaient résignés), il a entrepris de montrer son talent à l'étranger. Et chacun a pu noter les succès indiscutables qu'il a remportés, notamment en Allemagne, en Italie et en Espagne. Non seulement il a tenu à montrer tout ce dont il était capable en ce qui concerne la défense, mais il n'a pas omis d'étaler au grand jour ses capacités d'attaquant. Pas une déclaration d'un adversaire, même le moins dangereux, n'est restée sans réponse. Le favori n'a rien laissé au hasard, figeant régulièrement sur place ceux qui, d'une manière ou d'une autre, tentaient de se montrer aussi forts que lui. Dieu sait si les candidats à la victoire finale étaient nombreux ; et pourtant, il est indiscutable que son nom a été prononcé et écrit plus que tous les autres. Il y a quelques semaines encore, on n'arrivait pas à croire qu'il puisse être battu. Tous les journalistes spécialisés y sont allés de leur pronostic. Rares étaient ceux qui prenaient le risque de ne pas en faire le grand favori de l'épreuve. Lui-même annonçait fièrement qu'il allait battre tout le monde et que la France entière lui en serait reconnaissante ; lui-même déclarait qu'il était le meilleur et que par conséquent rien de dramatique ne pouvait lui arriver. Bref, on ne jurait plus que par lui et avant même le début de l'épreuve, on était convaincu d'en connaître le vainqueur. La santé insolente du favori a fait courir quelques rumeurs sur les méthodes qu'il emploierait pour apparaître sans cesse dans une forme éblouissante et ne jamais sembler fatigué. Or, tous les contrôles effectués depuis un an ont été négatifs, ainsi, plus rien ne paraissait mettre en doute sa victoire. Et puis hier soir, la nouvelle est tombée comme un coup de tonnerre : Nicolas Sarkozy a déclaré forfait, il ne courra pas le Tour de France.

COURAGE, FILLON !

3 juillet 2007

Mesdames, messieurs les députés,

Le président Sarkozy m'ayant confié la tâche de conduire la politique de la France, et la tâche étant considérable, j'ai pris un certain nombre de décisions de nature à améliorer la vie quotidienne des Français. Car il est évident qu'il faut rendre la vie moins difficile à ceux qui éprouvent de la peine, sans pour autant diminuer les avantages de ceux qui n'ont pas de problème. C'est pourquoi j'ordonne au ministre des Finances d'appliquer scrupuleusement la politique économique souhaitée par le président de la République. J'ai demandé au ministre des Affaires étrangères d'obéir sans discuter aux ordres du chef de l'État, et au ministre de la Défense de respecter avec scrupule les désirs du chef des Armées. Pour ce qui concerne l'immigration et les reconduites aux frontières, j'ai ordonné au ministre de tutelle de prendre sans discuter toutes les mesures décidées par l'ancien ministre de l'Intérieur. Une nouvelle politique de la ville et des logements sociaux va être mise en œuvre par le ministère concerné qui s'en tiendra à la lettre aux décisions récemment annoncées par l'ancien président du conseil général des Hauts-de-Seine. J'ai donné pour consigne à la ministre de la Justice de faire aboutir tous les projets annoncés par l'ancien avocat de Neuilly reconverti dans la politique. De nombreuses critiques ayant été prononcées par divers membres de l'opposition en ce qui concerne la liberté de l'information, j'ai donné l'ordre au Conseil supérieur de l'audiovisuel de mettre en pratique quotidiennement les désirs du meilleur ami d'Arnaud Lagardère, exception faite de l'information télévisée dont la surveillance sera exercée sans relâche par le père du filleul de Martin Bouygues. En cette période de vacances qui commence, j'ai demandé au ministre des Transports et des Loisirs de concrétiser dès maintenant les espérances et les souhaits récemment exprimés par le dernier invité de marque accueilli sur le yacht du milliardaire Vincent Bolloré. Étant moi-même père de quatre enfants, je sais toute l'importance qu'il convient d'attacher à la politique de la famille. C'est pourquoi, je demande au ministre responsable d'appliquer dès maintenant toutes les mesures pouvant améliorer les conditions de vie des parents et des enfants, mesures qui ont été décidées à la fin du mois dernier par le mari de Cécilia. Une saine politique de la famille ne va pas sans la pratique du sport. Qu'il s'agisse du rugby, du football, de l'athlétisme ou du cyclisme – les quatre disciplines qui comptent le plus grand nombre de licenciés dans notre pays –, une véritable politique de modernisation s'impose, aussi bien dans les techniques d'entraînement que dans les structures. C'est pourquoi j'ai confié à Mme la ministre des Sports la mission de mener à leur terme dans les plus brefs délais toutes les réformes et modifications souhaitées par le champion de jogging de Brégançon. Enfin, j'ai donné au ministre de l'Intérieur la consigne de préparer un projet de loi destiné à interdire le cumul des mandats. Cette mission devra être effectuée avant 2050, c'est-à-dire lorsque l'on commencera à faire régresser le réchauffement de la planète. L'un de mes prédécesseurs à l'hôtel Matignon, Jean-Pierre Raffarin, à qui je rends hommage pour ses jaillissements intellectuels prodigieux, avait dit en prenant ses fonctions : « Notre route est droite mais la pente est forte. » Permettez-moi de vous dire, mesdames, messieurs les députés, « que ça monte ou que ça descende, faut pas que ça glisse ».

François Fillon

À LA FIN DE L'ENVOI JE RETOUCHE !

25 août 2007

Il faut comprendre la contrariété des photographes de *Paris Match*. Depuis le début de l'été, ils traquent les personnalités de tous horizons, qui sur les plages, qui dans leur propriété privée, à la recherche de ce phénomène décrié par les uns et recherché par les autres : les poignées d'amour. Au mois de juillet, nos paparazzi ont cru dénicher ce qu'ils cherchaient en surprenant Ségolène Royal et sa fille en pleine séance de bronzage sur les bords de la Méditerranée. Or, stupeur et tremblements : pas plus de poignées d'amour aux hanches de l'ex-candidate qu'à celles de sa progéniture. Et voici qu'un document incroyable arrive des États-Unis : où croyez-vous que nos photographes insatiables ont bien pu trouver le fameux phénomène ! Sur les hanches présidentielles ! Oui, Sarko a des poignées d'amour !

Qui connaît un peu la psychologie féminine doit savoir que, dans la plupart des cas, à partir du moment où ces petites particularités physiques n'ont rien à voir avec des chambres à air de Formule 1, mais gardent un caractère relativement discret, elles attendrissent les dames beaucoup plus souvent qu'elles ne les déçoivent.

Eh bien, que croyez-vous qu'il arriva lorsque les documents ont atterri sur le bureau du rédacteur en chef de *Paris Match* ? Il a pris *in petto* la décision de les retoucher ! Étant entendu que le chef de l'État n'a eu ni le temps ni l'idée d'en effectuer la demande et que les poignées en question sont vraiment très discrètes, on comprendra que ledit rédacteur a pris sa décision tout seul.

Et grâce à lui, le magazine va pouvoir continuer à faire le poids (des mots) et à imposer le choc (des photos).

On a souvent besoin d'un étranger chez soi

1er septembre 2007

Le titre de cette chronique peut laisser supposer que je fais allusion aux éboueurs par exemple, communauté au sein de laquelle il est devenu impossible de trouver un visage pâle, tant il est vrai que le Français de souche a, depuis longtemps, décidé qu'il peut à la rigueur descendre les poubelles, mais en aucun cas les vider.

On peut supposer aussi que je pense aux chauffeurs de taxi, communauté au sein de laquelle il est difficile aujourd'hui de trouver des pilotes qui ne soient ni africains ni asiatiques. Eh bien non, l'étranger qui m'intéresse à présent et dont nous avons besoin chaque année à cette époque, c'est le touriste.

En vacances en Normandie, j'ai retrouvé il y a quelques jours un vieux copain canadien (vieux par l'ancienneté de notre amitié, car il est beaucoup plus jeune que moi) qui m'a réchauffé le cœur en me disant tout le bien qu'il pense de la France, et la joie sincère qu'il éprouve chaque fois que l'occasion lui est donnée de quitter Montréal pour venir côtoyer un peu les Français. À lui seul, il représente, je crois, le bon esprit de nos visiteurs qui, chaque été entre juin et septembre, font que la France est le pays le plus apprécié au monde, puisqu'elle est la plus visitée de toutes les nations de la planète. « Vous en avez de la chance, me dit-il, chez vous c'est beau et différent partout ; avec ma famille nous allons de la Basse-Normandie et ses fruits de mer, à la Côte d'Azur et son soleil, en passant par la Côte Sauvage et ses marées, le Pays basque et sa houle, sans oublier la Corse, histoire de faire un peu la bombe. Et puis nous regardons chaque soir le journal télévisé. Et nous restons sans voix en entendant vos compatriotes se plaindre, qui de la TVA, qui des impôts, qui des bouchons et du mauvais temps, alors que vous vivez dans le plus beau pays du monde. » Et dans son élan, mon ami canadien ajoute : « Je me demande vraiment ce que votre président est allé chercher aux États-Unis pour ses vacances. »

Je lui ai expliqué que Sarko a voulu se changer les idées en passant deux semaines dans une villa où il y a onze salles de bains, ce qui l'a obligé à faire au moins deux fois sa toilette dans la même baignoire. Il a été ému et a compris aussi qu'il y a un revers à la médaille. Certains pays étrangers commencent à bouder non pas la France mais les Français : il a appris en effet que Johnny Hallyday avait été proprement viré de Grèce pour avoir commencé son dernier récital en chantant : « Allumez le feu. » À mon avis, là-bas, il est grillé pour un moment.

RÉGIMES SPÉCIAUX POUR FATIGUE SPÉCIALE

7 septembre 2007

Il faut absolument écouter les arguments des syndicats quand ils se tuent à défendre les contrôleurs de la SNCF qui se tuent au travail, en particulier dans les TGV où il faut résister – je cite un conducteur – « à la pression de la vitesse ».

Qui n'a jamais pris le train autrement que pour se déplacer ne peut imaginer un instant les efforts que représente la station debout au milieu de personnes assises dans un train lancé à plus de 200 km/h, quand il faut vérifier que la bonne date figure sur le bon billet, que la carte senior appartient bien à son porteur, avant de faire un trou dans un coin du billet tout en défiant les lois de l'équilibre, lois détournées – pour ne pas dire violées – par les effets de vibration dus à la vitesse. Il faut rendre hommage aux kamikazes à casquette plate qui, malgré la tourmente dans laquelle ils sont emportés, parviennent néanmoins et avec le sourire à tout vérifier d'un bout à l'autre du train avant de retrouver leurs collègues dans un compartiment isolé où, ensemble, ils pourront enfin souffler un peu. Il convient aussi de se rappeler que jusqu'à deux fois par mois, il leur arrive de travailler le week-end. Certes, ils vont récupérer de leur fatigue en prenant trois jours de repos consécutifs ; mais cela intervient souvent en milieu de semaine, c'est-à-dire quand les enfants sont à l'école. Tout cela peut déséquilibrer la vie de famille, traumatiser ces petits (« Papa, il est pas là le week-end et quand il est là je suis à l'école. »). On peut se demander s'il ne faudrait pas créer une cellule psychologique dans les gares pour soutenir les contrôleurs. En attendant, il est impératif de maintenir les régimes spéciaux de ces gens et leur permettre de prendre leur retraite à cinquante ans au plus tard. Il serait malvenu de comparer leur vie professionnelle avec celle de ces travailleurs immigrés qui profitent de leur situation régulière pour percer nos trottoirs six heures par jour avec leurs marteaux-piqueurs, avec les infirmières de nuit qui hantent les hôpitaux pour soigner les malades. Personne ne les a obligés à faire ces métiers, ils travailleront jusqu'à soixante ans. Et s'ils n'en peuvent plus, ils n'ont qu'à se faire embaucher à la SNCF.

Je rêve d'être contrôlé dans le train par une ancienne infirmière à qui j'aurais la joie de déclarer : « Enfin, vous et moi on se repose ! »

Salut l'artiste !
(Hommage à Jacques Martin)

15 septembre 2007

Cela faisait déjà un moment que tu nous manquais et voilà que tu t'en vas pour toujours. Désormais, il convient de parler de toi au passé, ça n'est pas juste. Mais puisqu'il faut fouiller dans la mémoire, je dirai que je garde de toi un beau souvenir : par respect pour nos âges, je ne préciserai pas l'année, mais il faut bien l'admettre que ça fait plus de vingt ans.

Tu m'as téléphoné un matin pour m'inviter à déjeuner dans la cuisine de ton appartement de l'avenue de Madrid à Neuilly. Tu es resté en robe de chambre pour nous préparer un repas absolument merveilleux et tu m'as dit : « Tu as été journaliste, tu es humoriste, viens dans mon émission du dimanche, on va faire du journalisme humoristique. » C'est ainsi que j'ai présenté avec toi un des plus grands succès télé de ces trente dernières années : « Incroyable mais vrai ! ».

Quand nous avions terminé l'enregistrement, tu enchaînais avec « L'École des fans » et je restais pour te voir à l'œuvre et m'inspirer de ton talent. Parfois, tu nous emmerdais avec tes colères, mais il était rare qu'elles fussent injustifiées. Sois remercié ici, simplement de n'avoir jamais oublié que nous sommes des saltimbanques, et donné ainsi raison à Max Jacob qui écrivait : « L'art est un jeu ; tant pis pour celui qui s'en fait un devoir. » Salut l'artiste !

Service maximum

22 septembre 2007

On se perd en conjectures sur la manière dont on peut commenter la suractivité du président de la République. Alors qu'on n'est pas revenu de constater que, depuis son élection, Sarkozy s'est déplacé en moyenne, à raison de 280 km par jour, voilà qu'on apprenait jeudi dernier qu'il allait être interviewé le soir même sur deux chaînes à la fois : la première et la deuxième. Le service de presse de l'Élysée sait que le téléspectateur a souvent le réflexe, quand il allume son poste, de se brancher d'abord sur la une avant de zapper. Or, les sujets devant être abordés par le président étant essentiellement sociaux, il était prévu que l'intervention aurait lieu sur une chaîne du service public, en l'occurrence la 2. Le 20 heures de la 2 étant beaucoup moins regardé que celui de TF1, il n'était pas question de perdre un téléspectateur. On a donc réglé le problème : Sarko passerait sur les deux chaînes. C'est en tout cas l'impression qu'ont eu, jeudi soir, les 15 millions de téléspectateurs qui ont suivi la double interview présidentielle. En réalité, Sarkozy a fait bien mieux que cela. Incroyable mais vrai, comme on disait chez Jacques Martin, le chef de l'État est passé sur plus de dix chaînes à la fois ; il suffit pour s'en convaincre de regarder avec attention les programmes proposés jeudi soir, aussi bien sur les chaînes traditionnelles que sur la TNT, le câble ou le satellite. Non seulement Sarko était sur la 1 et la 2, mais il était aussi sur la 6 où il est intervenu dans l'émission « Prison Break » pour rendre hommage à Rachida Dati, ministre de la Justice. Sur Télé-Monte-Carlo on programmait *Le Grand Bazar*, ce qui a permis au président d'évoquer avec une sincère tristesse la situation telle qu'elle est au parti socialiste. Sur le câble, il est intervenu dans *L'Argent de poche* pour parler du pouvoir d'achat… Sur CinéCinéma, on avait programmé *Une affaire de femmes*, ce qui lui a permis de se féliciter du travail de Rama Yade et Christine Lagarde. En revanche, le président a refusé de passer sur CinéCulte, car l'émission s'intitulait « Les jours où je n'existe pas » et il a rappelé qu'il n'était absolument pas concerné par le problème. Enfin, le chef de l'État a fini sa soirée sur TF1 où, comme on pouvait s'y attendre, il a été la vedette de « La Méthode Cauet ».

Le pouvoir « people »

29 septembre 2007

D'aucuns ont pu être choqués, l'autre soir, en regardant le journal télévisé. Vous allez croire que je fais allusion aux cheveux de PPDA, eh bien non. Certes, le brushing est violent, la tignasse est teinte, mais ce sont les mêmes que la saison dernière. Ce qui a pu choquer l'autre soir c'est de découvrir la première initiative prise par le président de la République à son arrivée à l'Onu. Il s'est rendu au vestiaire, s'est mis en culotte courte, a ordonné à Kouchner d'en faire autant, et ensemble, ils sont allés faire un jogging à Central Park !

Aussi, des Français inquiets ont-ils pu se demander si, par hasard, nous ne serions pas dirigés par de vieux coureurs de demi-fond essoufflés. Qu'ils se rassurent, on sait déjà que Cécilia n'éprouve aucune difficulté face aux dossiers des affaires étrangères, tandis que le ministre sautille dans un jardin. On a pu aussi se préoccuper de l'absence de Kouchner, au moment où les moines birmans sont réprimés avec violence par des militaires qui survivent en obéissant à un vieux président gagné par la démence. Mais, Dieu merci, l'actrice Jane Birkin était sur le plateau du journal pour nous expliquer les dangers de la politique birmane et son soutien aux résistants.

On a vu des sans-papiers errer entre deux immeubles inhabités et on a cherché le ministre de tutelle. Très vite on a été rassuré: Jamel Debbouze et Josiane Balasko ont dressé la liste des propositions qu'ils vont soumettre au ministre Hortefeux. Ainsi celui-ci pourra souffler un peu entre deux arrêtés d'expulsion et, pourquoi pas, faire lui aussi un petit jogging, histoire de s'aérer les écoutilles. Sur une autre chaîne, on a vu Carole Bouquet annoncer un train de mesure en faveur des enfants maltraités… Au point où on en est, on devrait consulter le *Who's Who* pour former un gouvernement. On pourrait confier la justice à Patrick Balkany, le maire de Levallois-Perret, il est copain avec une armée de juges et d'avocats. Aux finances, je verrais bien le patron de la métallurgie du Medef (la justice pense qu'il a mis plus de cinq millions d'euros de côté, en sept ans, en liquide). En voilà un qui a le sens de l'économie. Enfin, je nommerais Doc Gyneco à la culture. Certes, pour le comprendre, il faudrait un interprète, mais dès lundi, les heures « sup » sont exonérées de charges sociales. Ouf!

E.A. Déesse de la richesse !

6 octobre 2007

Que l'on soit jeune ou vieux, que l'on souffre ou pas de hernie discale, que l'on soit raide ou souple, force est de constater qu'aujourd'hui on est cul par-dessus tête. Il suffit pour s'en convaincre de revenir quelque temps en arrière. « Avant », c'est-à-dire jadis ou autrefois, bref il y a quelques années, à de rares exceptions près, la rubrique des faits divers était régulièrement alimentée par les vols dont se rendaient coupables qui un père de famille incapable de joindre les deux bouts, qui un balayeur de rues incapable de résister à l'attrait exercé par le sac à main d'une dame sûrement dix fois mieux payée que lui. Autrement dit, avant c'étaient les pauvres qui volaient, c'est-à-dire ceux qui en avaient besoin. Aujourd'hui, ce sont les riches qui volent, c'est-à-dire ceux qui pouvaient vivre jusqu'à cent cinquante ans avec ce qu'ils avaient mais qui en voulaient beaucoup plus, comme s'ils étaient certains de voir les progrès de la médecine leur permettre de vivre jusqu'à trois cents ans. Je me souviens de ce triste procès devant le tribunal correctionnel où une jeune mère de famille s'était fait prendre pour avoir décidé qu'en faisant ses courses, elle paierait tout sauf le lait ! Cela durait depuis des mois.

Interpellée, elle a pris huit jours avec sursis et une amende ; la patronne de l'épicerie l'avait défendue arguant de ses difficultés. Aujourd'hui on pourrait bien assister au procès d'un patron payé 150 000 euros par mois, invité à quitter sa société avec comme consolation une prime de licenciement de 2 millions d'euros. Il lui sera reproché d'avoir, juste avant son départ, vendu ses actions dont le cours allait, juste après son départ, perdre 50 % de sa valeur. Au passage, il doublait sa prime de licenciement. La différence entre les deux affaires est double : d'abord le patron légalement invité à finir sa vie avec un salaire moyen de 100 000 euros par mois aurait pu s'abstenir d'un délit d'initié, tout en continuant à s'acheter du pain sans supplier le boulanger de lui faire crédit. Quant à l'autre élément qui fait la différence avec la première affaire, c'est que notre patron aura beaucoup de mal à sélectionner un balayeur de sa société pour venir le défendre en arguant de ses difficultés pour la simple raison qu'il n'en trouvera pas. Heureusement, nous avons un président Robin des bois qui va enfin taxer les stock-options. Comme dans la forêt de Sherwood, Sarko va délester ceux qui en ont trop pour en donner à ceux qui n'en ont pas assez. Voilà un nouvel impôt qui ne choquera personne. Sarko sait mieux que personne que le mot impôt vient du latin *impositum*, qui signifie placement sûr !

Exclusif : les stock-options parlent !

13 octobre 2007

Dans cette sinistre histoire de délit d'initié – cette méthode qui consiste à vendre ses stock-options la veille du jour où les cours s'effondrent, ce qui rapporte des centaines de millions aux vendeurs et coûtent la peau des fesses aux acheteurs –, on a entendu la version de nombreux protagonistes : les patrons soupçonnés, les employés écœurés, les ministres qui ne savaient rien, etc. Mais on ne connaissait pas le sentiment des véritables vedettes de ces affaires : les stock-options. En exclusivité, *France-Soir* a rencontré leur secrétaire général. Laissons-lui la parole : « Nous, les stock-options, sommes parfaitement conscientes de l'intérêt que nous représentons. Mais il faut que l'on sache que nous en avons assez de vivre les unes sur les autres. Que l'on se mette un peu à notre place. Quand M. Noël Forgeard, l'ancien patron d'EADS, a été viré, nous avons été 350 000 à nous entasser sur son compte en banque puisque le pauvre homme n'a touché que 2,5 millions d'euros d'indemnités de départ. Nous avons été très choquées car nous pensions qu'il aurait l'idée d'envoyer un certain nombre d'entre nous vers ces pays d'Afrique noire où tout le monde crève de faim. Vous savez qu'en mars 2006, MM. Daimler et Lagardère ont vendu un nombre considérable d'entre nous juste avant que les cours ne s'effondrent et là encore nous étions près de 500 000 écrasées les unes contre les autres sur les comptes en banque de ces messieurs, car leur plus-value représentait 10 millions d'euros. Il faut bien qu'on sache que traitées comme nous le sommes, c'est comme si l'on était dans le RER, serrées comme des sardines, non pas entre 7 heures et 9 heures le matin mais 24 heures sur 24. Vous vous rappelez aussi un certain M. Zacharias, l'ancien patron du groupe Vinci. L'année dernière, il a pris sa retraite et il nous a emmenées en Suisse. Le temps d'apprendre que nous représentions les 120 millions d'euros qu'il a reçus au moment de son départ, nous nous sommes retrouvées sur son compte en banque : figurez-vous que les banquiers ont dû s'asseoir sur son coffre-fort pour que nous tenions toutes, malheureuses centaines de milliers de stock-options écrasées sous le même couvercle. Il faut que les gens sachent que nous étouffons ! Alors avant que nous soyons à nouveau noyées dans les habitudes et qu'on nous oublie, nous faisons une suggestion sous forme d'une question posée au président de la République : si l'on nous répartissait entre le trou de la Sécurité sociale, le déficit du commerce extérieur et la dette de la France, ne croyez-vous pas qu'on respirerait un peu mieux ? »

PARLE À MON SYNDICAT, MA TÊTE EST MALADE !

20 octobre 2007

Notre président a un style de dialogue du genre : « Je t'aime, moi non plus. » Non, je ne fais pas allusion au divorce murmuré depuis six mois et annoncé depuis deux jours, car sur le sujet, vous avez sûrement lu cent cinquante articles et commentaires. Le révolutionnaire Olivier Besancenot a eu la simplicité de dire carrément : « Je m'en tape », comme ça, lui au moins, n'en parlera plus. Non, je me surprends à plaindre Sarkozy : lui qui aime tant dialoguer ne trouve personne à qui parler. Il aimerait bien venir débattre à l'Assemblée, mais il y a deux écueils : d'abord l'immense majorité des députés est d'accord avec lui, donc ce ne sera pas un dialogue mais un chœur. Quant au second écueil, il balaie le premier : le président n'a pas le droit d'aller à l'Assemblée. Il nous dit qu'il dialogue avec 62 millions de Français ; or, sachant que par nature, les Français parlent tous en même temps, mais sans dire la même chose, ce n'est pas un dialogue mais une formidable cacophonie. Sarkozy aimerait bien dialoguer avec son ministre des Affaires étrangères, Bernard Kouchner, mais que ce soit aux États-Unis, en Libye ou en Russie, il s'aperçoit toujours trop tard qu'il a oublié de l'emmener. Il lui serait agréable de dialoguer avec son Premier ministre, mais à force d'entendre Fillon lui dire trois fois par jour « Je suis déjà d'accord avec ce que vous n'avez pas encore dit », Sarko en est réduit à dialoguer avec lui-même. Heureusement, jeudi dernier, on a eu une bonne grève comme les aiment les syndicats. Entre le conducteur de TGV, qui a déclaré sur France 2 : « À cinquante ans on est épuisé physiquement et mentalement », et le citoyen du Medef, Gautier-Sauvagnac, qui se casse les reins depuis sept ans en transportant des valises d'euros pour « fluidifier le dialogue social », pas de discussion possible, ils sont tous les deux beaucoup trop fatigués. Dieu merci, il y a Villepin, il est en pleine forme, et à l'entendre parler, on sent bien qu'il est le chef de l'opposition. Si jamais il prend sa carte du PS, dans huit jours il entre au gouvernement, et Sarko trouvera enfin à qui parler !

Tous derrière Nicolas !

27 octobre 2007

Ça va trop vite. Les semaines se suivent au rythme d'affaires, de drames, de scandales, avec une telle rapidité qu'il devient presque impossible de retenir une information. En quelques heures elle est effacée par une autre. L'ancien directeur d'EADS dénommé Forgeard se dit « victime », alors qu'il n'a fait, quand il mettait de l'argent de côté, que se comporter « en bon père de famille ». Si tous les bons pères de famille prenaient leur retraite avec 8 millions d'euros, je connais quelques centaines de milliers d'enfants qui baveraient d'amour devant leur géniteur. Le citoyen Lagardère a gagné 900 millions d'euros sans faire exprès. Le nouveau secrétaire d'État Laporte se voit reprocher détournements d'actifs, abus de biens sociaux, transferts de fonds suspects, fausses factures, travail au noir, dissimulation de dettes et majorations artificielles de charges: vive le sport! J'en parlais avec le citoyen Dugenoux qui est resté vingt-quatre heures en garde à vue pour avoir oublié de payer son pain à Auchan, il s'en étrangle encore. Et puis les moines birmans sont en prison, et puis la Californie est en feu, et puis le président russe Poutine s'arrange pour pouvoir continuer à présider quand il ne sera plus président. Et puis nos fonctionnaires sont tellement fatigués qu'ils vont se mettre en grève pour que les agents de la SNCF se sentent un peu moins seuls. Heureusement, on a Nicolas. Ses responsabilités ne l'empêchent pas de rester calme, serein et ouvert aux autres. De tout son cœur, il veut un vrai changement dans notre vieux pays ; il souhaite une modification profonde du comportement et de l'état d'esprit des Français. Il ne se montre jamais agité mais toujours positif. Il n'a aucune envie de concentrer des pouvoirs. Il a l'intelligence de suggérer, de proposer et de défendre des solutions pour améliorer la qualité de notre vie. Il est même parfois modeste devant l'ampleur de la tâche à accomplir. Depuis jeudi dernier et les conclusions du Grenelle de l'environnement, il peut dire qu'il a gagné une première et belle bataille. Alors, sans hésiter, je le dis : tous derrière Nicolas Hulot !

La dynamique des fluides

3 novembre 2007

Il ne s'agit pas de vous parler des rivières et fleuves pollués, ni de la fonte des glaciers, ni du niveau des eaux qui, hélas, chaque année passe par-dessus les maisons du Bangladesh. Je préfère mettre mon nez dans les eaux troubles du monde de l'argent. Pendant sept ans, le patron de la métallurgie du Medef retire de sa banque 20 millions d'euros. Il déclare qu'ils sont destinés, je cite, « à fluidifier le dialogue social ». Il était temps d'entamer cette procédure de fluidification, car les euros trop longtemps enfermés dans des coffres risquaient la gélification, ce qui est très mauvais pour la santé du trésor. Le domicile du patron est un lieu sûr ; il serait dommage que le phénomène de gélification se transforme en évaporation (vers la Suisse par exemple). Chacun sait qu'un paradis, même fiscal, transforme d'un seul coup l'évaporation en béatification, ce qui pour de l'argent sale est tout de même un comble. Les messieurs qui mettent de côté des valises d'euros devraient faire attention à la réaction du citoyen de base qui a du mal à joindre les deux bouts ; à force d'entendre parler de fluidification et d'évaporation, il pourrait bien éprouver une certaine consternation qui le mettra peu à peu dans un état de liquéfaction puis dans un état de stupéfaction. Et, réalisant qu'il ne souffre pas d'hallucination, il va se trouver dans un état d'esprit de contestation dont chacun sait qu'il conduit inéluctablement à la révolution. Les syndicats, censés représenter le citoyen de base qui a du mal à joindre les deux bouts, jurent qu'ils n'ont jamais observé la moindre concentration d'euros dans leurs caisses, même s'il a pu y avoir des tentatives de corruption au cours des négociations avec diverses organisations. Il paraît qu'il y a des gens qui résistent jusqu'à une certaine somme. Comme dit l'autre, ce ne sont pas les corrompus qui manquent mais le pognon.

La solitude du coureur de fond

10 novembre 2007

Il paraît que Sarkozy a été étonné, en descendant de l'avion qui l'amenait à Washington, de constater que Bush n'était pas noir, il se croyait encore au Tchad. Dieu merci, il n'a pas proposé au président américain de supprimer les taxes sur le fuel pour lui permettre d'aller à la pêche. Au sujet du fuel, Bush n'aurait rien compris et pour la pêche, on sait qu'il n'ira pas, hélas, avant la fin de l'année prochaine.

Tout ça pour vous dire combien, comme tout le monde, je suis impressionné par l'hyperactivité de Sarko. En quarante-huit heures, il a ramené des journalistes de N'Djamena en promettant d'en faire autant avec les inculpés qui restaient sur place. (Attendons pour ce faire qu'il soit élu président du Tchad, ce qui ne saurait tarder.) Il a allégé la facture des pêcheurs du Guilvinec, qui ont suivi les conseils vélocipédiques de la ministre Christine Lagarde en prenant la mer en pédalo, et il est allé aux États-Unis pour dire aux 300 millions d'Américains qu'ils sont aimés par 62 millions de Français. En moyenne, ça fait cinq Américains aimés par un Français. Reste à savoir si la réciproque est vraie.

En attendant, il paraît que la boulimie d'activité présidentielle pousse le chef de l'État à en faire beaucoup plus qu'on ne le dit. En effet, par le seul souci de modestie et de discrétion – souci on le sait permanent dans l'esprit de Sarko –, on ne nous a pas dit la moitié de ce qu'a fait le chef de l'État le week-end dernier. Or, je peux vous dire qu'avant de s'envoler pour le Tchad il s'est rendu au Parc des Princes, a sauté sur le terrain où le PSG n'arrive toujours pas à gagner, a obligé le joueur portugais Pauleta à lui donner le ballon sous peine de reconduite à la frontière et a marqué un but avant de filer à l'aéroport de Villacoublay. En revenant de N'Djamena et avant de soulager les pêcheurs du Guilvinec, il a fait un saut dans les coulisses du théâtre Édouard VII pour souffler son texte à Claude Brasseur qui avait un trou de mémoire. Enfin, en revenant de Bretagne, il s'est rendu rue de la Banque à Paris, pour expliquer aux SDF que tout le monde ne peut pas avoir son salaire augmenté de 170 %. En observant un Premier ministre inexistant et des ministres au garde-à-vous, je pense à ce mot de Paul Valéry : « Un homme seul, c'est un homme mal accompagné. »

Aphro et Disiaque sont sur un bateau

17 novembre 2007

Comme chacun sait, une activité intense, quelle qu'elle soit, provoque bien-être et euphorie parce qu'elle stimule le cerveau qui, alors, sécrète de la morphine. L'activité est en quelque sorte une drogue naturelle dont on devient dépendant ; de la dépendance à l'accoutumance, il n'y a qu'un pas qui sera d'autant plus vite franchi que l'activité sera intense. Et si par hasard, la personne concernée n'hésite pas à tenter d'atteindre ses propres limites, on a alors affaire à un hyperactif. La stimulation du cerveau est permanente, le bien-être et l'euphorie ne baissent pas d'intensité : c'est l'équivalent du shoot. Bien entendu, il y a des drogues naturelles de toute sorte : on peut se shooter au sexe, au sport et au travail. Il est indiscutable que notre président de la République est un shooté du travail. Il n'est qu'à voir le sourire ravi qui orne son visage lorsqu'il arrive à Washington avec six heures de décalage horaire après avoir allégé les charges de fuel pour les pêcheurs bretons en passant par le Tchad d'où il a ramené quelques journalistes soulagés d'avoir quitté l'arche de Zoé. Personne, de droite ou de gauche, ne contestera qu'au sommet de l'État se trouve un personnage hyperactif, avide de régler absolument tous les problèmes sans l'aide de personne et qui, avant même d'avoir réussi, offre le visage réjoui de bonheur de qui vit en permanence dans l'euphorie. Certes, il fait tout, et son gouvernement paraît constitué de personnages rendus tristes et moroses par la sous-activité que leur impose la suractivité de leur patron. Oui, il y en a qui parfois essaient de bouger un peu, histoire d'avoir une petite idée, même furtive, de ce que peut être la jouissance provoquée par l'action. Ainsi, la ministre des Finances, Christine Lagarde, a conseillé aux victimes des grèves de prendre un vélo et a donné l'exemple en traversant la cour de l'Élysée à bicyclette ; elle arborait un sourire si béat qu'elle a failli semer ses gardes du corps et foncer jusqu'à Bercy entre les voitures. N'oublions pas que l'hyperactivité intellectuelle provoque elle aussi une euphorie bien plaisante à observer : il fallait voir le sourire radieux de l'ancien Premier ministre Raffarin quand il a dit : « Les veuves vivent plus longtemps que leur conjoint ! » Je vous en supplie, Jean-Pierre, ne vous arrêtez pas de penser !

ROLAND-GARROS À SHANGHAI

24 novembre 2007

Il serait absurde de publier aujourd'hui un livre intitulé *Quand la Chine s'éveillera*, parce que c'est fait. Dimanche dernier, j'ai regardé sur Canal + la finale du « Masters » de tennis gagnée de manière magistrale par le Suisse Roger Federer. C'était à Shanghai. On ne sera pas surpris de voir la Suisse réveiller la Chine, connaissant son talent pour l'horlogerie. Cependant, il y a seulement dix ans, un tel réveil n'était pas imaginable. Proposer aux huit meilleurs champions de tennis du monde de se retrouver en Chine eût paru complètement incongru. Or, le spectacle de cette compétition organisée là-bas il y a huit jours était extraordinaire. Certes, il était la copie conforme des finales proposées depuis vingt ans à New York, Munich ou Madrid ; rien d'extraordinaire donc par rapport à ce que l'on a l'habitude de voir. Ce qui est formidable, c'est de réaliser qu'on était à Shanghai, que les ramasseurs de balles étaient tous chinois, que les spectatrices chinoises étaient coiffées à l'européenne ou à l'américaine (ce qui est à peu près pareil). Elles ont su, tout en brandissant un drapeau suisse ou espagnol, selon leur préférence pour l'un ou l'autre des finalistes, garder leur différence. Tout était comme ailleurs, les pubs scintillaient comme à New York ou Paris. Le comportement du public, sa compétence, sa passion, sa ferveur, sa joie se manifestaient comme ailleurs. Je soupçonne même certains de se nourrir au pop-corn. Mais le public lui-même était bel et bien chinois, donc complètement nouveau, pour assister à un tel événement sportif. Bien sûr, on n'a pas vu les petits Chinois qui fabriquent les chaussures de Federer pour 50 centimes par jour. Bien sûr, les centaines de millions de Chinois qui survivent dans leur village ignorent tout du tennis et des centaines de millions de dollars que se partagent les joueurs. Mais la Chine est éveillée. Les jeux Olympiques arrivent. Les gens du pouvoir n'ont pas encore organisé d'élection mais ils négocient avec tout le monde. Ils avancent. Il faut bien reconnaître que tout ça n'est pas à la portée de n'importe quel péquin !

Trahissons sur commande

1er décembre 2007

Le président Pompidou avait coutume de dire : « On ne fait pas de politique avec le passé. » Il avait bien raison, regarder en arrière ne change rien. On a seulement la possibilité de tirer l'expérience de ce qu'il fallait faire ou ne pas faire. Ne remuons donc pas le passé : Pompidou lui-même, à peine remercié des services rendus à l'hôtel Matignon, a annoncé qu'il était prêt à succéder à de Gaulle. C'est de Rome que le coup fut porté dans le dos du général.

En 1974, le gaulliste Chirac a trahi le gaulliste Chaban-Delmas pour aider Giscard à gagner l'Élysée. Deux ans plus tard, le même Chirac réalise une « première ». Sans attendre d'être congédié de l'hôtel Matignon, il déclare : « Je n'ai plus les moyens de travailler, je m'en vais. » Aujourd'hui encore, Giscard est furieusement incapable de lui pardonner. Lui-même connaît le problème : en 1969, il faisait placarder des affiches où il annonçait qu'il voterait « non » au référendum voulu par le général.

En 1981 il fallait être sourd, muet et aveugle pour ne pas comprendre que Chirac souhaitait la défaite de Giscard. Mitterrand a gagné. Giscard est toujours furieux et si

Jean-Louis Debré n'avait pas pris place entre Chirac et lui l'autre jour au Conseil constitutionnel, Chirac n'aurait peut-être plus été là pour s'entendre être mis en examen.

En 1995, le chiraquien Sarkozy a trahi son chef pour faire plaisir à Balladur. Chirac ne lui a jamais pardonné, et il a fallu tout le talent de Sarko pour déjouer les pièges qui lui ont été tendus et gagner l'Élysée.

De tout cela, le chef de l'État a tiré les enseignements par un comportement d'une habileté redoutable : pour éviter d'être victime d'une traîtrise, il fait venir à lui ceux qui connaissent la question. Passons sur Éric Besson, champion du monde toutes catégories du virage politique à 180 degrés. Retenons que le président n'a pas eu grand-chose à faire pour attraper Kouchner, l'autre rêvait du Quai d'Orsay depuis le premier sac de riz déposé devant les Africains et les caméras. Hervé Morin n'a pas hésité une seconde entre l'amitié de Bayrou et le ministère de la Défense. Quant à Jean-Marie Cavada, qui vient de prouver en se ralliant à Sarkozy que sur le plan du croche-pied il n'avait rien à envier à Zidane, il a tout de même eu la franchise de dire : « Qui n'a jamais trahi dans sa vie jette la première pierre. » Ce n'est sûrement pas à l'Assemblée nationale qu'il risque d'être lapidé.

La comédie politique

8 décembre 2007

En présentant son équipe de campagne destinée à préparer les prochaines élections municipales, le maire de Paris, Bertrand Delanoë, a respecté les règles que se sont joyeusement imposées les responsables politiques depuis une trentaine d'années : s'entourer de vedettes du spectacle et les faire parler de politique, comme si elles y connaissaient quelque chose. Que je sache, de Gaulle n'a jamais été soutenu par une quelconque star, même s'il appréciait les courbes de Brigitte Bardot et le dynamisme de la championne de ski Marielle Goitschel. Pompidou s'entendait bien avec Delon jusqu'à ce que l'affaire Markovic le conduise à s'éloigner des vedettes. C'est Giscard qui a inauguré cette espèce de connivence que les politiques croient devoir entretenir avec les « people » : il a bien profité du soutien de la populaire Yvette Horner. Tous les deux avaient en commun d'utiliser le même instrument pour se donner du plaisir : chacun sait que l'accordéon était leur joujou préféré. Mitterrand n'a jamais caché son affection pour Dalida, sans parler bien sûr de Roger Hanin : là, ça ne sortait pas de la famille. Chirac n'a pas fait dans la dentelle : voulant montrer sa double attirance pour les intellectuels et les sportifs, il a toujours aimé se faire photographier avec Danielle Gilbert et David Douillet. Sarkozy, comme dans tout ce qu'il entreprend, a mis le paquet sur les stars. Comme le chante chaque soir l'humoriste Patrick Font sur la scène du théâtre des 2 Ânes, « il a autour de lui de prodigieux cerveaux, de Johnny Hallyday jusqu'à Doc Gyneco ». Or, voici que commence la campagne pour les municipales de mars prochain. Le maire de Paris compte bien se faire réélire et a présenté jeudi les vedettes qui devraient égayer son équipe : on a vu le comédien Philippe Torreton dire tout le bien qu'il pense de Delanoë, sans pour autant renier son affection pour Ségolène Royal. C'est une attitude très respectable, au moment où les girouettes se déchaînent. Jean-Marie Cavada, qui continue d'assassiner son grand ami Bayrou, est à lui seul un candidat et une vedette : il vit à Neuilly, s'est présenté aux législatives dans le Val-de-Marne, et brigue la mairie du 12e arrondissement de Paris, en attendant un ministère dans le 7e. À force d'être partout à la fois, il va finir par concurrencer son cher président. Quant au pauvre Bayrou, il n'a même plus Vincent Lindon près de lui. Avec de la chance, il sera élu maire de Pau ; mais s'il n'a pas de chance, pas de Pau.

Le droit de la femme

15 décembre 2007

La secrétaire d'État aux Affaires étrangères et aux Droits de l'homme, Rama Yade, a déclaré au début de la semaine que « notre pays n'est pas un paillasson sur lequel un dictateur, terroriste ou pas, peut venir s'essuyer les pieds du sang de ses forfaits ». Le député UMP Lionnel Luca a dû se sentir encouragé, car il a dit deux jours plus tard : « L'Assemblée n'a pas vocation à recevoir toutes les crapules de la terre. » Si l'opposition de gauche, ou ce qu'il en reste, n'a pas manqué d'en rajouter, on voit bien que c'est au sein de la majorité présidentielle que les critiques concernant la visite du dictateur libyen Kadhafi à Paris ont été les plus virulentes. Cela fait huit mois que Sarkozy est à l'Élysée avec un pouvoir sans partage. Il a aussi la réputation de ne pas supporter la contradiction. Pourtant, ni M. Luca ni Mme Yade n'ont été exclus, qui de l'UMP, qui du gouvernement. Cela dit la secrétaire d'État a été convoquée lundi matin à l'Élysée en se disant : « Je vais me faire engueuler toute la journée. » On imagine le dialogue… Sarko : « Tu te fous du monde. Est-ce que les mots solidarité gouvernementale ont un sens pour toi ? Serais-tu à ce point vexée de ne pas être allée en Chine pour te venger en rappelant que les droits de l'homme te concernent personnellement ? As-tu noté que même Fillon n'a pas condamné la visite de Kadhafi, lui dont la vigueur, l'action et l'omniprésence sont plus que jamais tonitruantes ? Si la politique que je mène avec l'assentiment et le soutien de 60 % des Français ne te plaît pas, tu n'as qu'à retourner à Dakar ! Je te préviens c'est la dernière fois. »

Eh bien détrompez-vous, mesdames et messieurs. Lisez *Le Point* de jeudi. Sous la plume d'une journaliste persuadée qu'elle est bien informée, vous découvrirez que Sarko est beaucoup plus fin et habile. Il a renouvelé sa confiance à Rama Yade et refusé toute idée de démission. Et quand elle a appelé l'Élysée pour remercier Sarko de cette confiance si chère, le président lui a dit : « Quand ça ne va pas tu dois m'appeler ; tu sais bien que je t'aime. » Voilà des mots que l'on ne prononce pas sans éprouver certains sentiments. Peut-être n'en faudra-t-il pas plus pour qu'une nouvelle rumeur se répande dans l'opinion à 300 à l'heure, c'est-à-dire à la vitesse d'une Ferrari…

Nicolas Carla.com

22 décembre 2007

Il y a toujours un moment dans la carrière d'un président de la République où il doit faire preuve de son talent pour la communication. Chacun sait que cela consiste à créer un événement agréable pour faire oublier un événement fâcheux. La semaine dernière, Kadhafi plantait sa tente en plein Paris, ce qui n'a pas réchauffé Don Quichotte ni ses copains du canal Saint-Martin. C'était d'autant plus fâcheux que 60 % des Français n'appréciaient pas du tout qu'un Bédouin mal rasé se déplace avec cent voitures.

Un chauffeur de taxi bloqué par le passage du convoi libyen me dit : « Il serait venu en vélib on serait moins emmerdé ; une fois de plus il aurait pédalé dans la semoule, et avec un peu de chance il se serait coincé la djellaba dans le dérailleur et on aurait enfin assisté à la chute d'un dictateur. »

Bref, il fallait que les gens pensent à autre chose et alors... Et alors ? Carla est arrivée ! Et là, c'est de la com ou je n'y connais rien. Vous pouvez y aller, il est absolument impossible de trouver aujourd'hui un journal qui ne parle pas du nouvel amour présidentiel. *Paris Match*, *Closer* et *VSD* ont été carrément mis dans le coup, donc de ce côté-là, il n'y a pas eu de surprise. Mais les quotidiens, même les soi-disant sérieux, comme *Le Monde* ou *Les Échos*, n'ont pas résisté à la déferlante sarkopeople. Les temps changent et les techniques aussi. En 1979, sous Giscard, le présumé suicide du ministre Robert Boulin avait bouleversé l'opinion. Cinq jours plus tard, le gangster Mesrine, repéré depuis plus d'un mois, s'écroulait porte de Clignancourt dans un guet-apens policier sans précédent : on oubliait Boulin. Aujourd'hui, notre président voit bien qu'un long séjour de Kadhafi en France est aussi mauvais pour sa popularité qu'un trop grand nombre de sans-abri dans des villes où l'on trouve un trop grand nombre de logements vides. Alors, il a décidé d'aller passer le week-end à Euro Disney avec Carla Bruni. Reconnaissons que du coup, la visite de Kadhafi paraît déjà ancienne. Même si on aime Mickey et ses copains, il apparaît que tout ça manque un peu de grandeur. Pour ma part, j'ai du mal à imaginer le général de Gaulle allant faire une promenade à la Foire du Trône avec Gina Lollobrigida pour nous faire oublier les accords d'Évian et la mort de l'Algérie française.

L'HOMME DE L'ANNÉE PROCHAINE

29 décembre 2007

Du 1er janvier au 5 mai dernier, les irréductibles adversaires du candidat de l'UMP (je veux parler des restes du PS, du reliquat du PC et des deux vieux complices Chirac et Villepin) nous juraient que les Français n'éliraient jamais un président mesurant 1,65 m dont le père était hongrois. On connaît la suite. Notre nouveau héros a gagné haut la main, laissant la madone des meetings coincée entre la bravitude et la solitude, c'est-à-dire dans la merditude. En huit mois, il a libéré les infirmières bulgares torturées en Libye, ramené des journalistes empêtrés au Tchad, renvoyé les pêcheurs grévistes en pleine mer en leur promettant qu'il prenait la TVA sur le fuel pour lui (c'est-à-dire pour nous !). Il a augmenté les salaires de tous les Français : celui de smicards de 1 % et le sien de 170 %. Il y a 10 millions de smicards et un seul président : l'augmentation moyenne est donc de 1,0001 : c'est mineur mais c'est toujours ça. Il a vendu des avions au roi du Maroc, et des chars à Kadhafi qui, pour le remercier, a mis dans la circulation parisienne le plus beau bordel de tous les temps en se déplaçant en tête d'une caravane de cent voitures. Il a dit « bravo » à Bush pour avoir fait en Irak ce que Chirac ne voulait pas. Il a dit « merde » à l'Iran, « bonjour » à Kouchner et « au revoir » à Juppé. Il a dit aux étudiants : « Quand vous en aurez marre de vous les geler dans la rue, allez voir Mme Pécresse, elle a de bonnes nouvelles pour vous. » Personne ne sait ce qu'elle leur a dit mais ils ont repris le chemin de la fac : donc Mme Pécresse est blonde et intelligente. Il a commencé sa vie présidentielle sur un bateau de milliardaire, il a fini l'année en Égypte où il s'est rendu en avion de milliardaire. Il est déjà le champion de l'ouverture : il a à la fois embauché et débauché le comptable de Ségolène, Éric Besson, l'homme qui retourne sa veste plus vite que son ombre. Et puis il a choisi comme compagne Carla qui avait voté pour Ségolène alors que Cécilia s'était abstenue. Je suis sûr qu'un jour il en trouvera une qui a voté pour lui. Il est déjà l'homme de l'année prochaine car, parti comme il est, avant fin 2008 il devrait être élu président des États-Unis. On sait que le cumul des mandats, il n'en a rien à cirer. Au fait, avez-vous deviné de qui s'agit-il ?

SIMPLE ET CÉLÈBRE
(Hommage à Carlos)
5 janvier 2008

C'était dans la banlieue de Lyon, il y a une vingtaine d'années, sur un terrain de foot, on avait dressé un chapiteau sous lequel étaient installés trois mille sièges, tous occupés par les fans de Carlos, venus chanter, crier, danser, en communiant avec leur vedette préférée. Thierry Le Luron m'avait présenté à Carlos au cours d'une émission de télévision, en me précisant que le chanteur n'était pas tout à fait comme les autres ; je lui demandai pourquoi et il me répondit : « Parce qu'il est gentil. » Sans difficulté, nous avons sympathisé et Carlos m'a demandé de faire sa première partie lors d'un gala organisé près de Lyon. Son souhait était d'offrir un spectacle « total », ce qui, dans son esprit, signifiait que le public en aurait pour son argent. « Tu comprends ils vont commencer par se marrer et ensuite ils vont chanter ; que veux-tu leur donner de plus ? » Nous avons partagé, Carlos le public et moi, une soirée inoubliable. Ayant déjà quelques années de scène derrière moi, j'ai pu faire plaisir à cette foule d'un soir en passant en revue l'actualité politique avant d'annoncer l'arrivée de Carlos. Pendant plus d'une heure, transpirant comme un coureur escaladant le Ventoux sous le soleil, il a repris tous ses tubes en cœur avec un public ravi. Prenant exemple sur Brassens qui a toujours proposé une première partie, il ne voulait pas être la seule vedette de la soirée. Son sens du partage m'a révélé que j'avais affaire à un humain de qualité, ayant le sens des autres, quelqu'un que le système parfois dévastateur qui conduit à la célébrité ne pouvait pas abîmer. On se retrouvait de temps en temps, ce qui permettait de mettre à jour mon répertoire de bonnes histoires, car on sait que le bonhomme, dans ce domaine, était une véritable encyclopédie. Après le spectacle, il se désaltérait au whisky et entre deux gorgées, il me glissait : « Tout est dans la dose, il faut user et ne pas abuser. » Arrivé à un âge où l'on commence à perdre ses amis, je souhaite de tout cœur que l'on garde de Carlos le souvenir d'un homme bon, preuve éclatante de ce que le talent, la célébrité et la simplicité peuvent, si on le veut bien, faire très bon ménage.

35 HEURES : TROP OU PAS ASSEZ ?

12 janvier 2008

Lorsque la loi Aubry sur les 35 heures a été votée et appliquée, je me suis amusé à dire au public du théâtre que c'était dur pour les fonctionnaires de passer du jour au lendemain de 28 à 35 heures. L'immense majorité du public riait, et lorsqu'une réaction discordante se faisait entendre dans la salle, je m'empressais de faire remarquer que les personnes contrariées ne pouvaient qu'être des fonctionnaires ayant l'avantage de s'offrir des places de théâtre, c'est-à-dire trouver le temps de se divertir tout en travaillant 35 heures. Je pense franchement que Jospin, au demeurant un honnête homme, a fait une connerie en généralisant les 35 heures. On ne peut pas imposer le même temps de travail à une infirmière et à un guichetier de la poste. J'éprouve un grand respect pour ces deux corps de métier, mais parlons clair. Quand on entre à la poste, on ne sait pas quand on va sortir mais on peut supposer très raisonnablement que malgré un début de crise de nerfs à force d'attendre on devrait en sortir en bonne santé. En revanche, quand on entre à l'hôpital, on ne sait ni quand ni comment on va en sortir. Or, on ne peut pas ramener à 37 degrés la température d'un malade aussi vite qu'on ferme un guichet. Bien entendu, pour aborder le problème au fond, il faut le connaître. Et c'est tout le drame de nos politiciens. Il y a fort à parier que notre président n'a pas fait la queue à la poste depuis qu'il a dodeliné pour la première fois. Quant à l'hôpital, on sait qu'il y a fait un petit séjour en novembre dernier, histoire de se faire dégager l'organe vocal. Il était 10 heures du soir et quand on lui a dit : « À cause des 35 heures on ne peut pas s'occuper de vous avant 23 heures », il a répondu : « C'est la dernière fois », et c'est là qu'il a décidé de supprimer la loi Aubry. Saluons à nouveau l'honnêteté de Jospin qui, sans le dire clairement, avoue que la généralisation des 35 heures fut une erreur. Il en parle dans un livre récent intitulé *L'Impasse*. On aura compris que c'est une autobiographie. Le philosophe Diderot disait qu'on peut faire beaucoup de choses en une heure ; il a ajouté aussitôt qu'il est facile de perdre une heure. Alors imaginez un peu tout ce que l'on peut faire en 35 heures. C'est pour ça que je me méfierai toujours de l'auteur de la loi, Mme Martine Aubry, et cela pour une raison très simple : s'il faut 35 heures pour lui donner du plaisir, je crois qu'à mon âge ce serait extrêmement risqué.

Lettre à ma fille par Mme Bruni

19 janvier 2008

Ma grande chérie, j'apprends avec joie que tu vas te marier. Cela ne me choque pas même si ce genre de pratique se raréfie de plus en plus. En effet, quand on ne s'aime plus alors qu'on est mariés, il y a un tas de papiers à faire, sans compter le problème de la répartition des biens qui, en général, donne lieu à des bagarres sans merci. Mais bon ! Tu veux te marier, si ça peut faire ton bonheur ! Je dois à la franchise de te dire que pendant longtemps je me suis demandé qui tu allais choisir : tu m'as présenté un chanteur, un acteur, un politicien, un écrivain, un sportif, un philosophe... pardonne-moi si j'oublie quelqu'un. Le temps que je fasse le tri dans ma mémoire, voici que tu t'es entichée d'un chef d'État ; il ne manquait plus que cela. Enfin bref, tu es majeure, tu sais ce que tu as à faire et je me doute bien que mon opinion ne changera pas la tienne. Et puisque tu ne me la demandes pas, je te la donne. Au premier abord, comme ça, il ne me déplaît pas. Parlons d'abord du physique. Tu as sûrement remarqué qu'il est plus petit que toi ; tu peux lui conseiller de porter des talonnettes de compensation, des fois qu'il obéisse, et depuis le temps que tout le monde dit qu'il en porte, comme ça au moins ce sera vrai. Tu dois aussi savoir qu'il est très agité. Si tu lisais *France-Soir*, tu saurais que depuis son élection à la présidence française, il parcourt en moyenne 650 kilomètres par jour. Bien sûr, je pourrais te dire qu'il faut se méfier d'un mari qui ne tient pas en place, mais là c'est uniquement pour le boulot ; on ne vend pas des Airbus comme on vend des raviolis, j'en sais quelque chose. Sentimentalement, tu devrais y trouver ton compte ; l'an dernier, pendant six mois, il a passé son temps à dire qu'il était capable d'aimer passionnément 63 millions de Français à la fois. J'en déduis qu'il est capable d'aimer une seule personne avec amour même si elle n'est pas française. Regarde Henri II, il a fait de Catherine de Médicis la première dame de France, c'était pourtant une copine de chez nous. Au fait, si tu veux le garder, arrange-toi pour le détendre. Ça lui fera pas de mal. Propose-lui donc un soir de regarder un film qui devrait l'attendrir ; je ne suis pas certaine du titre mais il me semble bien que ça s'intitule *Le diable s'habille en Carla*. C'est génial. Bisous, maman.

Mauvaise note de frais

26 janvier 2008

L'autre matin, l'ancien candidat à la présidence de la République, François Bayrou, avait revêtu son costume de candidat à la mairie de Pau pour accueillir à l'aéroport le président Sarkozy. Tout le monde a remarqué la froideur de la poignée de main et le peu de mots échangés. On aura noté aussi le sourire vainqueur de Sarko et la mine patibulaire (mais presque comme disait Coluche) de Bayrou. Cela s'explique aisément : le président (il préside quand même quelque chose) du Modem était arrivé à l'aéroport avec voiture et chauffeur certes, mais il n'y avait qu'une seule voiture et donc un seul chauffeur. En revanche, le chef de l'État, histoire d'être bien accompagné, avait mobilisé trois avions dont deux Falcon et quatorze voitures (donc quatorze chauffeurs) pour passer une heure en ville et soutenir la candidature d'un autre prétendant à la mairie. Bien sûr, ça fait travailler beaucoup de monde : les chauffeurs, les gardes du corps, les pilotes et le personnel de bord des avions, ainsi que les huit motards de la gendarmerie, pour escorter le président, cela représente environ cent cinquante travailleurs embauchés pour encourager la candidature d'un monsieur dont je ne suis pas le seul à avoir oublié le nom. Ça m'a fait peur car on sait que dans les 36 000 communes qui vont élire un maire début mars, il y a au moins un candidat qui se réclame du soutien de Sarkozy. Dieu merci, Sarko n'ira pas les soutenir tous car s'il fallait multiplier les employés présidentiels du voyage à Pau, le chômage diminuerait aussi vite que se creuse le trou de la Sécurité sociale. On se souvient des frais de bouche des Chirac quand ils occupaient la mairie de Paris : la Cour des comptes avait trouvé des factures quotidiennes de 4 000 francs, soit près de 700 euros, rien que pour des confitures. Ça fait rigoler Sarkozy qui, on le sait, passe dix fois moins de temps à table que son prédécesseur. Il préfère la façade : on vient d'apprendre que pour entretenir la sienne pendant la campagne présidentielle, il a dépensé 34 445 euros de frais de maquillage. Quand on le regarde, on ne comprend pas. En revanche, quand on regarde Mme Bachelot, on comprend pourquoi elle a dépensé 4,95 euros l'année dernière.

SARK-AUX ENCHÈRES

2 février 2008

Le mardi 29 janvier 2008 avait lieu à la salle des ventes Drouot, à Paris, la vente aux enchères de la garde-robe et de nombreux objets personnels ayant appartenu à l'ancien président François Mitterrand. C'était il y a cinquante ans et il aura fallu un demi-siècle pour que le même événement se renouvelle.

En effet, après le départ puis la disparition du président Sarkozy, ni le président François Hollande, ni le président Jean-François Copé, ni le président Julien Dray n'ont souhaité que leurs affaires personnelles soient vendues. Seul le chuintement de Giscard d'Estaing reconstitué par ordinateur peut encore être entendu aujourd'hui par les visiteurs du château de Chanonat en Auvergne ; en appuyant sur un bouton, on peut reconnaître la voix de l'ancien chef de l'État s'écriant : « Bonchoir madame, bonchoir mademoiselle, bonchoir monsieur. » Or, voici que, pour la première fois depuis un demi-siècle donc, en ce 29 janvier 2058, on a procédé à la vente de la garde-robe et de certains objets ayant appartenu à l'ancien président Sarkozy. Contrairement à Mitterrand, dont l'écharpe rouge et le chapeau noir avaient été acquis pour dix fois leur valeur, ce sont les tenues sportives de M. Sarkozy qui ont attiré les acheteurs. Le short utilisé par l'ancien président, quand il arrivait à l'Élysée à l'issue d'une de ses célèbres séances de jogging, a été vendu 10 000 euros ; c'est cher, mais le commissaire-priseur a justifié la valeur de ce short par le fait que c'était déjà celui que le petit Nicolas portait à l'âge de huit ans lorsqu'il était premier en gymnastique. Les quatre-vingts Rolex et trois cent cinquante stylos sont partis en quelques minutes, ainsi que le célèbre karcher utilisé à l'époque pour nettoyer les trottoirs des banlieues et les jeunes voyous qui les empruntaient sans vouloir les rendre. Les acheteurs ont eu aussi la surprise de se voir proposer une paire de charentaises dont on ignorait que l'ancien président les utilisait. C'était simplement un cadeau de l'ancienne présidente de la région Poitou-Charentes, trop heureuse à l'époque d'avoir offert à son heureux adversaire un cadeau qui ne lui avait pas coûté un sou. Mais c'est un objet original qui a été vendu le plus cher, très exactement 150 000 euros. Il a été acquis par le petit-fils de l'ancien secrétaire général de la CGT, Bernard Thibault, aujourd'hui candidat à l'Élysée. Il s'agit d'une petite boîte contenant un code dont l'ancien président Sarkozy n'avait jamais pu percer le secret : l'augmentation du pouvoir d'achat.

Neuilly-sur-scène

16 février 2008

On ne va pas se lancer bêtement dans une séance de vérification en cherchant grâce au dictionnaire la différence entre une tragédie et un vaudeville ; il suffit d'avoir lu les journaux depuis deux semaines pour imaginer ce que Feydeau aurait fait de la bouleversante histoire que viennent d'interpréter les candidats aux municipales de Neuilly. On sait que l'ancien maire devenu président a été le patron pendant vingt ans et ne peut supporter l'idée que la mairie puisse passer dans l'opposition, celle-ci fût-elle de droite. Il faut donc que le successeur soit de la famille UMP. Le patron envoie donc au charbon le brave Teullé, son fidèle conseiller depuis vingt ans. Et pour l'aider dans son combat contre le vilain dissident Fromantin, (de droite mais non inscrit à l'UMP), il fait sauter en parachute sur la ville son autre fidèle conseiller Martinon. Or, le malheureux Martinon profite de sa première visite sur le marché (son costume et ses chaussures permettent de penser que c'était la première visite de sa vie dans un lieu aussi populaire) pour tenter d'apitoyer les bourgeois de la commune en avouant : « J'ai dû m'acheter un appartement à Neuilly, c'est très cher ! » Formé à l'Ena, il pensait qu'en parlant gros sous il mettrait les Neuilléens dans sa poche, c'est-à-dire dans l'urne. Hélas pour lui, Martinon n'arrive pas à se débarrasser de son parachute, se prend les pieds dans les ficelles (un peu grosses pour les électeurs) et se casse la figure dans les sondages. Furieux, l'ancien maire devenu président envoie son fils Jean au secours de Martinon. Avec une inconscience à peu près égale à son incompétence, le jeune Jean (comme si on pouvait faire confiance aux jeunes gens) dit à Martinon : « Je te soutiens à mort » et, emporté par l'élan, il se retrouve lui aussi complètement distancé par le vilain dissident de droite Fromantin. De plus en plus furieux, l'ancien maire devenu président ordonne à son fils d'abandonner la bagarre (« Giscard a trahi de Gaulle, Chirac a trahi Giscard, j'ai trahi Chirac, tu peux bien trahir Martinon. »). Aussitôt, le fidèle Teullé, de la famille UMP, se relance dans la bataille. Mais il est en retard sur le vilain Fromantin. C'est alors que l'arbitre de l'UMP, un certain Devedjian, décide que le vilain infidèle Fromantin est devenu gentil et fidèle et que le gentil fidèle Teullé devient infidèle et méchant et est exclu de la famille UMP. De tout mon cœur je plains le pauvre (c'est une façon de parler) électeur de Neuilly. Ou alors il va se rebeller : après avoir crié « Martinon, non ! non ! », il pourrait bien s'écrier : « Fromantin, tintin ! »

Maître étalon
23 février 2008

Il est un peu tôt pour savoir si le nom de notre président de la République sera gravé sur du platine iridié et déposé au pavillon de Breteuil à Sèvres comme son homonyme. Mais d'ores et déjà on leur trouve certains points communs. Le dictionnaire nous précise que l'une des définitions du verbe étalonner est « appliquer un texte psychologique à un groupe de référence ». Le moins que l'on puisse dire c'est que depuis près de dix mois et à longueur de journée, Sarkozy applique des textes psychologiques permanents au gouvernement, groupe de référence s'il en est. Et personne n'oserait mettre en doute aujourd'hui la qualité des résultats. Sarkozy a des idées sans arrêt mais comme il veut qu'elles soient reproduites, il étalonne. Il peste contre ses ministres, leur donne ses propres idées et les prie de bien vouloir se les enfoncer dans le crâne de manière à penser comme lui. Les résultats sont impressionnants. On en a eu le dernier exemple jeudi soir sur France 2, à 20 heures, avec l'interview du Premier ministre François Fillon qui, on le sait, est à la vigueur ce qu'André Rieu est à la musique. Le journaliste David Pujadas lui a posé une dizaine de questions. Or, toutes les réponses de Fillon ont consisté à faire parler le président. La baisse du chef de l'État dans les sondages ? « Le président sait que c'est passager. » Sa propre popularité ? « Nicolas Sarkozy sait que ça ne durera pas. » Son plan pour augmenter le pouvoir d'achat ? « Je mets en œuvre la politique voulue par le président. » Que pense-t-il personnellement de la suppression de la pub sur les chaînes publiques ? « Le président a raison donc je pense comme lui. » Est-ce que vous pensez ? « Non, c'est Nicolas qui pense à travers moi », etc. La méthode marche aussi avec les autres ministres. Le chef de l'État s'est réveillé l'autre matin avec l'idée de confier à chaque élève de CM2 la mémoire d'un enfant du même âge gazé en camp de concentration ; aussitôt le ministre de l'Éducation déclare : « Le président estime que comme son nom l'indique le devoir de mémoire est un devoir. » Un autre matin, le président se réveille en se disant que l'on n'a pas parlé des émeutes de Villiers-le-Bel depuis un petit moment. Le lendemain Mme le ministre de l'Intérieur envoie mille CRS sur place pour interpeller trente-six personnes, en relâcher trente-deux et en mettre quatre en examen, ce qui représente deux cent cinquante CRS par personne soupçonnée. Comme dirait l'opposition, on a limité leur chance de s'évader. Dieu merci, quand on regarde Carla Bruni on est obligé d'admettre que c'est là où notre président est vraiment un maître étalon.

Modem réduit

15 mars 2008

Comme toujours, c'est-à-dire comme hier et comme aujourd'hui, la période de l'entre-deux-tours d'une élection cantonale, municipale ou législative voit s'activer les négociateurs qui, faisant fi de leur parti politique, échangent des voix contre de bonnes places sur les listes. Hier encore, c'est-à-dire à l'époque mitterrandienne, nombreux étaient ceux qui voyaient dans leur déconvenue la patte machiavélique de l'ancien président, et se plaignaient d'avoir subi le coup du père François. Ils sont quelques-uns aujourd'hui à craindre les effets du coup du père François Bayrou. Le patron du Modem a cependant du souci à se faire. En refusant toute alliance pour tenter de conquérir la mairie paloise, il prend le risque d'entendre ses amis lui crier dimanche soir : « Pas de Pau ! » Cela dit, Bayrou ne pense pas qu'à lui. Carrément décidé à privilégier la personnalité des candidats plutôt que leur appartenance politique, il soutient à gauche une liste de droite, à droite une liste de gauche, en haut une liste du centre, en bas une liste du nord… Il donne le tournis à sa calculette. On ne sait plus ni combien ni qui sont les soutiens, les soutenus et les souteneurs. Ainsi, Juppé a été soutenu par le Modem qui soutient l'ennemi de Darcos, lequel Darcos est soutenu par Juppé qui, du coup, s'oppose au Modem qui l'a soutenu : Juppé se contente d'un Modem réduit. Le paradoxe est qu'au sein du Modem qui est un petit parti, on trouve encore quelques militants qui ne sont pas partis. Il y a quelques semaines on y trouvait encore Jean-Marie Cavada qui, dimanche dernier, a commis une faute de vocabulaire. Complètement largué dans le 12e arrondissement de Paris il a dit, alors qu'on lui parlait d'alliance : « Je ne ferai pas la pute. » Eh bien, quand on reproche à Hervé Morin d'avoir trahi Bayrou, puis quand à son tour on trahit Bayrou qui vous a fait député européen, pour tenter lamentablement sa chance dans le 12e après avoir été tristement balayé dans le Val-de-Marne, tout en gardant son appartement à Neuilly, on ne dit pas : « Je ne ferai pas la pute » mais « Je ne ferai plus la pute », en supposant que cela soit vrai.

Faites l'humour, pas la guerre

22 mars 2008

Mardi dernier, avec mes distingués collègues composant le jury du prix Press Club humour et politique, nous nous sommes réunis pour opérer une nouvelle sélection des formules choisies plus ou moins volontairement par nos responsables politiques depuis le début de l'année. La nouvelle moisson est assez riche. Il faut dire que la politique ne s'est offert aucun répit, nous faisant passer des vœux présidentiels présentés à la nation par un président jeune marié aux élections municipales, en passant par le « Casse-toi pauv'con » présidentiel, lui aussi adressé à un pauvre visiteur du Salon de l'agriculture. La période cependant n'aura pas été exceptionnelle. Moi qui ai le bonheur de passer sur scène depuis trente ans en me payant la tête de nos élus, j'entends dire souvent : « Vous avez de la chance avec ce qui se passe ! » C'est bien la preuve qu'il se passe toujours quelque chose. Revenons à la série de perles distillées par nos politiciens depuis trois mois. Je passerai rapidement sur ce cri du cœur poussé par le secrétaire d'État Bernard Laporte arrivant à la Guadeloupe : « Je voulais voir les Antilles de vive voix. » Ce n'est pas du Baudelaire, mais on sent une grande sincérité dans l'émotion.

Le député UMP Hervé Mariton ne peut pas s'empêcher de critiquer le président de la République dans l'unique but de prouver sa fidélité à Dominique de Villepin. Sa dernière sortie a consisté à dire : « Sarkozy parlait clair et fort ; il parle toujours fort, mais moins clair. » Ce n'est pas très méchant et puis, disons-le, ça n'a aucune importance. Restons un instant dans le domaine de la fidélité illustrée par l'amitié prodigieusement instructive qu'éprouve le nouveau maire de Nice, Christian Estrosi, pour le chef de l'État. En voyage en Amérique du Sud au mois de février, Estrosi s'est écrié : « Vous avez vu comme Sarkozy est populaire en forêt amazonienne ! » Quand les arbres centenaires voteront, Sarkozy sera réélu régulièrement jusqu'en 2094. J'ai gardé pour la bonne bouche deux déclarations ministérielles : le ministre des Affaires sociales, Xavier Bertrand, a cru bon d'analyser les résultats des élections municipales en ces termes : « Le PS est un parti sans leader, Bayrou est un leader sans parti, ils sont faits pour fusionner. » On ne sait pas si cela se fera, mais voilà en tout cas un conseil supérieur. Enfin, à tout seigneur tout honneur, le Premier ministre François Fillon a dit : « Quand j'ai appris que Xavier Bertrand appartenait à la franc-maçonnerie, je n'ai pas été étonné de le découvrir maçon, mais franc, ça m'en bouche un coin. » Si Fillon a le prix de l'humour, Bertrand ira sûrement le féliciter ; le fera-t-il franchement, c'est une autre histoire.

BOYCOTT MAL TAILLÉ

29 mars 2008

Vingt-huit ans après le boycott des jeux Olympiques de Moscou par les États-Unis pour cause d'invasion soviétique de l'Afghanistan, voici que le mot revient tragiquement à la mode. Cette fois, ce sont les Chinois qui ont pris l'initiative de faire naître dans l'esprit de plusieurs pays une nouvelle envie de boycott. Ils ne supportent pas le dalaï-lama et ses fidèles. Mettons-nous à la place des dirigeants de cet immense pays qui s'ouvre au monde occidental à coups de milliards de dollars et d'euros. Ça doit être exaspérant d'entendre une minorité de bonshommes en robe mauve parler sans cesse d'amour, de compassion, de tolérance et de paix, quand on a pris l'habitude de condamner à mort et d'exécuter chaque année des milliers de gens qui ne pensent pas comme il faut. Depuis huit ans, soit depuis le jour où on leur a offert les jeux Olympiques, les Chinois préparent de futurs champions qui devraient rafler la majorité des médailles. Les méthodes d'entraînement feraient rougir les Allemands de l'Est d'il y a trente ans. On devrait assister à une avalanche de records du monde ; un Chinois va sûrement sauter en longueur à dix mètres, un autre courir le cent mètres en huit secondes, un autre encore sauter à la perche à neuf mètres cinquante. Les petites lycéennes chinoises qui font 35 heures de gymnastique par semaine vont sûrement réussir à enchaîner douze fois le saut périlleux tout en révisant leurs leçons. Bref, les JO de Pékin devraient, en août prochain, sacrer la Chine plus grande nation sportive de tous les temps. Bien entendu, tout cela serait anéanti si les Chinois n'avaient pas d'adversaires. Aussi, ne va-t-on pas prendre le risque d'une telle humiliation sous prétexte qu'une poignée de moines pacifistes veulent continuer à exister. Allons, allons ! Mettons-nous maintenant à la place des Tibétains : on ne peut pas supporter l'oppression dont ils souffrent, ni la répression d'une violence inouïe exercée par les policiers chinois pour tenter de les faire taire. Aussi, en entendant notre ministre des Affaires étrangères parler de « nos amis chinois », autrement dit employer la seule expression inadmissible aujourd'hui, je me dis qu'avant de boycotter les JO, il faut boycotter Bernard Kouchner. Le philosophe Bernard-Henri Lévy n'hésite pas, lui, à proposer que l'on menace les Chinois d'un boycott économique s'ils ne fichent pas la paix (ils ne demandent que ça) aux Tibétains. J'aime bien BHL, même quand sa chemise blanche est froissée. Arielle Dombasle ferait mieux de la lui repasser plutôt que de jouer tous les soirs le rôle de la Fée Clochette ; elle est presque aussi crédible que le serait Roselyne Bachelot interprétant Blanche-Neige. Allez ! Boycottons Bernard Kouchner et Arielle Dombasle, c'est un bon début, le combat continue.

Supporters minus

5 avril 2008

Avant de condamner, il faut essayer de comprendre. Je ne parle pas du violeur fou récidiviste Fourniret ; là, il n'y a rien à comprendre et il va falloir condamner. Je préfère me pencher sur le cas des supporters du PSG qui ne savent plus comment se faire remarquer. Ils ont commencé par jouer leur rôle : encourager leur équipe favorite. Puis dans un assaut de lucidité, ils ont constaté que leurs joueurs préférés étaient souvent surpayés pour sous-jouer. Alors ils se sont mis à déclencher des bagarres aux alentours du Parc des Princes. « Avec le PSG il y a toujours du spectacle », se disaient-ils, et partant du principe selon lequel le spectacle n'était plus sur le terrain, il ne restait que les abords du stade. Ainsi, la saison s'écoulait entre défaites des joueurs et interpellations des supporters. Jusqu'au jour où, parmi ces derniers, quelqu'un d'un tout petit peu plus malin que les autres, doté disons d'un QI de vigile reconverti en gardien de phare, a pensé (!) qu'on pouvait ramener le spectacle à l'intérieur du stade, même si le club continuait à perdre ; le meilleur moyen était de dérouler des banderoles dans les tribunes, histoire de passer à la télé de la manière la plus lâche, c'est-à-dire dans l'anonymat.

Ainsi, les supporters parisiens ont eu l'idée de profiter de la venue de Lens pour insulter les joueurs à un tel niveau de connerie que je m'interdis de recopier ici les consternantes stupidités imprimées sur la fameuse banderole. Je ne sais pas si ces personnages peuvent encore espérer le maintien de leur club en ligue 1, j'ignore aussi comment le PSG va pouvoir redorer son blason, à moins qu'il ne décide de se reconvertir dans le football. En attendant, je ferai quelques suggestions à ceux que le général de Gaulle appelait « les porteurs de pancartes ». Ils doivent savoir que toute manifestation observée dans une tribune de stade est filmée et diffusée sur toutes les chaînes et par conséquent vue par des dizaines de millions de téléspectateurs, qu'ils s'intéressent ou pas au football. C'est l'actualité qui leur impose les images. Aussi les supporters devraient-ils travailler un peu leur texte, histoire de plaire à tout le monde. Je leur suggère par exemple : « Courage Fillon, augmentez nos salaires comme celui de notre président. » Ou bien « Bernard Kouchner, aimez-vous toujours le dalaï-lama ? » ou encore « Casse-toi pauv'con ». Car là (!), ça s'adresse à tout le monde.

Flamme and co.

12 avril 2008

Ça danse un peu partout sur une musique qui ressemble de moins en moins à l'harmonie et de plus en plus à la cacophonie. Au lendemain de la traversée de Paris par la flamme olympique, sur un parcours qui rappelle furieusement celui d'un slalom géant (on est passé sous la tour Eiffel, derrière le Trocadéro, devant France Télévisions, autour de l'Hôtel de Ville, sous les tunnels, sur la Seine et à travers le bois de Vincennes), on a essayé de débroussailler les commentaires des uns et des autres. Les trois mille policiers français ont dû obéir aux quelques dizaines de policiers chinois vêtus de survêtements bleus qui ont imposé le parcours de la flamme, n'hésitant pas à l'éteindre de temps en temps, histoire d'obliger les rares curieux à se demander où elle était passée. La secrétaire d'État Rama Yade a fixé les conditions de la présence de Sarkozy à la cérémonie d'ouverture des JO : que les Chinois rencontrent le dalaï-lama, qu'ils laissent le Tibet exister et qu'ils respectent les droits de l'homme. Deux heures plus tard, le ministre Kouchner, dont la vieille amitié avec le dalaï-lama est devenue une affaire qui lui est complètement étrangère, dit qu'il n'y a pas de condition.

Enfin deux jours plus tard, Sarkozy parle des conditions de son voyage à Pékin, donnant implicitement raison à Rama Yade, que Kouchner voulait désavouer pour avoir dit la même chose. Pour nous changer un peu les idées, on apprend alors que la carte de réduction famille nombreuse de la SNCF va être supprimée. Le temps pour les syndicats de crier au scandale, le ministre Bussereau déclare que la carte n'est pas supprimée puisqu'elle existe toujours, tandis que la secrétaire d'État Nadine Morano avoue qu'on va quand même la supprimer en la remplaçant par autre chose, ce à quoi elle réfléchit. Ce n'est pas tout : une autre secrétaire d'État, Nathalie Kosciusko-Morizet, traite Borloo et Copé de lâches, Fillon lui ordonne de s'excuser, elle le fait, mais comme elle continue à penser ce qu'elle a dit, elle est privée de voyage au Japon. Et puis Gaz de France annonce une hausse de 5 % de ses tarifs début juillet après avoir annoncé une hausse de 4 % en janvier et surtout après avoir annoncé un bénéfice de 2 milliards d'euros pour 2007. Le mot de la fin revient au chauffeur de taxi qui me disait hier : « On n'y comprend plus rien. » On ne peut pas savoir si Sarko va aller à Pékin car il attend la décision de Bush, tandis que Mme Merkel n'y va pas contrairement aux Anglais. « Pour moi tout ça c'est du chinois. »

Caco et Phonie sont sur un bateau

19 avril 2008

Je me garderai bien de critiquer mes distingués confrères du service politique de *France-Soir* qui ont osé évoquer les « couacs » à cause desquels le gouvernement a pu être fragilisé ces derniers jours. Mais puisque le mal est fait, ou plutôt, étant donné que les responsables sont identifiés, essayons d'être tolérants. Je rappellerai que seuls les cons ne changent pas d'avis, donc les ministres concernés (en un mot) sont intelligents, CQFD. À commencer par la ravissante Rama Yade. Dimanche matin elle déclare : « Il y a des conditions à la présence de Sarkozy à la cérémonie d'ouverture des JO de Pékin. » Dimanche après-midi, Kouchner annonce : « Il n'y a pas de conditions mais seulement des critères. » Rama Yade avoue alors : « Il a raison c'est lui le ministre, d'ailleurs je n'ai jamais parlé de conditions. » Lundi matin, Sarko déclare qu'il ira à Pékin à certaines conditions et selon certains critères. Ce n'est plus de l'acrobatie mais de la géométrie dans l'espace. Lundi après-midi, le secrétaire d'État aux Transports, Dominique Bussereau, précise que la carte famille nombreuse va disparaître. Lundi soir, sa collègue Nadine Morano répond que la carte ne disparaît pas, et mardi matin Sarkozy décide le maintien et l'extension de la carte. Ce n'est plus de la géométrie dans l'espace mais du funambulisme à l'état pur. Mardi soir, Roselyne Bachelot, ministre de la Santé, indique que les lunettes ne seront plus remboursées par la Sécu mais qu'il ne s'agit pas d'un déremboursement. Mercredi matin, le brave Bernard Laporte, secrétaire d'État aux Sports, s'écrie : « Je voudrais que tout le monde boycotte la cérémonie d'ouverture des JO ! » Mercredi soir, il réalise que Sarko n'a pas pris de décision. Opérant aussi sec un virage à 180 degrés comme seuls peuvent les réussir les champions du contre-pied, Laporte déclare : « Il faut garder toutes les options ouvertes et graduer la réponse à Pékin en fonction de l'évolution de la situation. » Grâce à Laporte, le président de la République est en pleine séance de graduation et n'en sortira qu'au mois de juin. Pour mettre fin à cette semaine de tous les dangers, un décret présidentiel annonce une réduction des allocations familiales qui pénalisera les familles nombreuses de plus de 500 euros par an. Dieu merci, la merveilleuse Nadine Morano se précipite à la télévision pour prier chacun de noter qu'il ne s'agit pas d'une diminution mais d'un rééquilibrage. On comprend pourquoi, lors des élections municipales, les électeurs de Toul ont rééquilibré Mme Morano en votant massivement pour son adversaire qui a été élu.

« Jean-Pierre m'a tuer »
Pascal Sevran
3 mai 2008

Cette terrible inscription est, on le sait, inspirée de celle choisie par une riche propriétaire assassinée dans le Midi de la France, pour faire croire que son jardinier était responsable de sa mort survenue il y a une vingtaine d'années. La victime avait fait une faute d'orthographe souvent reprise depuis l'époque de l'événement. Le jardinier, Omar Raddad, condamné puis gracié, est un immigré ; la police est aujourd'hui persuadée que Pascal Sevran a repris la célèbre faute d'orthographe pour signifier que son assassin est, lui aussi, issu de l'immigration. L'idée est carrément raciste car, Dieu merci, il y a sur notre sol de nombreux immigrés qui ne font pas de fautes d'orthographe. Cela dit, en supposant que ce soit l'intention de la victime, voilà un élément qui devrait permettre de gagner du temps. En effet, si le dénommé Jean-Pierre qui a tué Pascal Sevran est d'origine nord-africaine, on peut rapidement innocenter certaines personnes connues de la victime. Aujourd'hui, une seule question demeure sans réponse : qui est Jean-Pierre ? Ce ne peut être Jean-Pierre Raffarin. Les deux hommes étaient liés d'amitié.

L'ancien Premier ministre a participé plusieurs fois à l'émission « La chance aux chansons » et personne n'a oublié son émouvante interprétation de *Viens Poupoule* qu'il avait chantée en regardant Rika Zaraï au fond des yeux. On peut aussi innocenter Jean-Pierre Brunois, le président de *France-Soir*, car s'il était un tant soit peu coupable, il m'aurait interdit d'évoquer le sujet. Écartons enfin Jean-Pierre Marielle de la liste des suspects, même si Sevran ne l'a jamais invité à la télévision.

À cet instant de notre réflexion, il est important de rappeler que cette affaire revêt un caractère extraordinairement exceptionnel car, on l'a appris quelques heures après l'annonce de sa mort, Pascal Sevran est toujours vivant. Ce n'est pas la première fois qu'une telle méprise se produit. *Charlie Hebdo* a annoncé à plusieurs reprises que Giscard d'Estaing était mort, alors qu'il est encore en vie, bien que sur ce dernier point certaines opinions divergent. On trouve même quelques députés chiraquiens pour affirmer que le cœur de l'ancien président a cessé de battre le 10 mai 1981 à 20 heures. Félicitons les journalistes qui n'ont toujours pas annoncé le décès de l'ancien Premier ministre israélien Ariel Sharon, qui vient de fêter ses vingt-neuf mois d'état végétatif. Revenons à l'enquête qui nous intéresse : qui est Jean-Pierre ? Rappelons que l'inscription « Jean-Pierre m'a tuer » a été découverte sur le mur de l'immeuble sis 26 bis rue François-Ier à Paris, c'est-à-dire au siège de la radio Europe 1. Sans tirer la moindre conclusion, je peux révéler avoir téléphoné à Pascal Sevran pour le féliciter de sa résurrection. Je suis tombé sur la messagerie et voici ce que j'ai entendu : « Taisez-vous Elkabbach ! »

Camé, Léon ?

10 mai 2008

Longtemps je regretterai que notre tonitruant Léon Zitrone n'ait pas été là pour commenter les images de Sarkozy marchant en costume cravate sur une plage de la Manche pour rendre hommage, en ce 8 mai 2008, aux héros de la Seconde Guerre mondiale. C'était un vrai drogué de l'info, il n'aurait donc pas été nécessaire de camer Léon pour qu'il se lance comme toujours dans une de ses envolées lyriques dont il avait le secret. Je l'entends d'ici s'exclamer : « Mesdames et messieurs bonjour ! Le président Sarkozy, casaque claire, toque bleue et talonnettes noires fait ses premiers pas sur la plage de Ouistreham devant les caméras de Gilbert Larriaga. » Il se trouve que le soixante-troisième anniversaire du débarquement intervient à deux jours près en même temps que le premier anniversaire de l'arrivée de Sarko à la magistrature suprême. Un an c'est peu et pourtant quel bilan, quel chemin parcouru (le président a déjà effectué près de neuf fois le tour de la terre en voyage officiel), que de mots prononcés et que d'aventures vécues, publiques et privées, plus ou moins bien confondues ! Le bonhomme a été élu en mai, a divorcé en novembre et s'est remarié en février. Le candidat annonce qu'il va s'isoler et se recueillir dans le silence pour réfléchir à sa nouvelle fonction, mais le président remplace le monastère par un bateau de milliardaire. Le candidat promet une baisse des impôts en déclarant : « Je n'accepte pas qu'après trente-six ans de travail on gagne 1 200 euros par mois. » Mais le président boucle un paquet fiscal qui ne change rien pour celui qui gagne 1 200 euros par mois. Le candidat promet qu'il va augmenter le pouvoir d'achat mais le président n'y arrive pas. Le candidat assure qu'il aurait honte de serrer la main de Poutine mais le président a fini par lui donner l'accolade en se consolant sans doute par le fait que Poutine n'est plus président. Dieu merci, des promesses ont été tenues, le candidat a certifié qu'il serait près des gens, « un Français comme les autres », et le président confronté à un imbécile mal élevé en visite au Salon de l'agriculture lui a donné un conseil désormais inoubliable : « Casse-toi pauv'con. » Le candidat s'est montré attentif au talent des intellectuels et le président a remis la Légion d'honneur à Christian Clavier. Et pourtant, je m'interroge : le candidat a juré qu'il serait très heureux d'être président et le président, même quand il jure qu'il est heureux, a du mal à convaincre. Il devrait l'être, lui qui a fait perdre ses voix au Front national, perdre sa mémoire de militant de gauche à Bernard Kouchner et perdre son âme à Éric Besson. Et pourtant, on voit bien que Sarko souffre. De quoi ? Pour le savoir je ne vois qu'une solution : « l'égographie ».

OGM = UMP

17 mai 2008

Quand on voit et surtout quand on entend ce qui se passe sur les bancs de l'Assemblée nationale dans les rangs de l'UMP, parti gouvernemental absolument majoritaire, on a encore envie de dire : « Caco et Phonie sont sur un bateau », comme je l'ai fait au mois d'avril. Le problème c'est que ni l'un ni l'autre ne tombe à l'eau pour mieux se battre comme des chiffonniers sur le pont du navire : parce qu'il manquait une voix de député, c'est une voie d'eau qui a failli faire couler le projet de loi sur les OGM. Mais il n'en sera rien. Ce qu'il y a de merveilleux en politique, c'est qu'une victoire, aussi courte soit-elle, de l'opposition à l'Assemblée ne change rien au résultat. C'est curieux mais c'est comme ça. Au tennis, Nadal met une balle dans le filet et le point est pour Federer. Au Parlement, la majorité met une balle dans le filet – l'opposition rejette un texte –, eh bien le point est quand même pour la majorité : le texte sera adopté et mieux encore il ne sera pas modifié. NKM, la fameuse secrétaire d'État Nathalie Kosciusko-Morizet, a expliqué le phénomène par une phrase à retenir : « Le débat se retrouve déplacé sur une motion de procédure. » Comprenne qui pourra. Saluons au passage la désormais célèbre NKM qui, après avoir traité de lâches le ministre Borloo et le chef de l'UMP Copé, après avoir été punie, après avoir fait des excuses sans changer d'avis pour faire croire qu'elle avait changé d'avis sans le dire tout en pensant le contraire, la voilà qui se range aux côtés de ceux qui approuvent le texte qu'elle conteste. Je vous laisse le temps de traduire et reviens au débat. Certains députés de gauche ont mis quelques espoirs dans le fait que le texte de la réforme a aussi été rejeté par la commission des affaires étrangères, mais celle-ci n'est que consultative. Autrement dit : premièrement on lui présente un texte, deuxièmement elle donne son avis, troisièmement tout le monde s'en fout, et quatrièmement le texte est adopté ! C'est ça qui est bien à l'Assemblée nationale, on y trouve toujours une bande de députés de droite et de gauche pour former une commission : elle approuve, on lui dit bravo et merci, elle réprouve, on lui dit merci et tant pis quand même, et dans les deux cas le texte passe. Le brave Patrick Ollier, qui dirige une commission dont on vient de démontrer la prodigieuse efficacité, a regretté l'autre soir la cacophonie régnant au sein de l'UMP. Il s'en étranglait. On aurait dit qu'il avait avalé un stradivarius. Bref, il me semble que la démonstration est faite : OGM = UMP, soit organisation gouvernementale mouvementée = union pour une merveilleuse pétaudière.

Combien sarkoûte ?

24 mai 2008

Il est certain que l'émission de Julien Courbet, qui marche déjà très bien, remporterait un énorme succès si le président de la République en était un soir le seul invité.

Nous avons la chance d'avoir à la tête de l'État un personnage qui fourmille d'idées.

C'est très bien, c'est admirable et c'est la preuve que le cerveau de Sarko fonctionne à plein régime… présidentiel.

Mais comme à peu près rien n'est gratuit, il serait intéressant de calculer combien sarkoûte ! Bien sûr, il y a des idées qui ne sont pas chères du tout. Par exemple, une idée toute faite qui, par définition, élimine les frais de fabrication, ou encore les idées reçues venant en général de personnes qui vous disent « Je vous donne une idée », et l'on sait que jusqu'à nouvel ordre, ou bien jusqu'à nouvelle idée présidentielle, un don est gratuit. Sarkozy ne s'embarrasse pas de ces petites variantes. Lui, il se réveille et il dit : « J'ai une idée. » Aussitôt, on comprend qu'il va la proposer et que par conséquent, on va devoir en évaluer le coût. L'été dernier, en se levant un matin de juillet, il s'est écrié : « Mon idée c'est le paquet fiscal ! » Ça a coûté

15 milliards d'euros, mais depuis, on nous rebat les oreilles pour affirmer que tout le monde n'y a pas perdu. Or, il se trouve simplement que les bénéficiaires avaient déjà des sous, alors que les petits salariés n'ont rien vu de nouveau dans leur vie. Un peu plus tard, Sarko a eu l'idée de confier à des gamins de dix ans l'étude et la mémoire de victimes de leur âge massacrées par les nazis durant la Seconde Guerre mondiale. Certes, ça n'a pas coûté un rond. Je dirai même que pour une fois c'est au président que ça a coûté le plus cher, étant donné qu'il a dû se payer simultanément la colère de Simone Veil, une opposition au projet qui a largement débordé sur la majorité et l'abandon pur et simple de l'idée. Et puis cet hiver, le président s'est réveillé en sursaut pour déclarer : « Bon sang, mais c'est bien sûr ! Si les Français travaillent quarante et un ans au lieu de quarante, ils cotiseront plus longtemps que s'ils travaillaient un an de moins ; et comme ils mourront le même jour, ça réduira d'un an les retraites à payer. » Bien malin qui pourrait dire aujourd'hui combien cette idée va rapporter aux uns et coûter aux autres. Les syndicats n'ont pas attendu les calculs des experts pour annoncer que « ça va coûter cher ». Et pour bien montrer que, contrairement aux idées reçues, les mathématiques sont une science d'une grande souplesse, les médias ont annoncé que les manifestations de jeudi dernier avaient rassemblé 875 000 personnes selon les organisateurs et 35 selon la préfecture de police. En entendant tout cela, je me suis dit : « Vivement que Sarko se réveille avec une idée qui n'ait pas de prix. »

Où il est démontré que la Ferrari est plus rapide que l'Express

14 juin 2008

Chaque semaine je prends plaisir à comparer la manière dont les infos sont traitées selon qu'il s'agit du *Point*, du *Nouvel Observateur*, de *L'Express* ou de *Marianne*. J'ai commencé, jeudi, par étudier ce que pensent nos confrères du départ de PPDA et de l'arrivée en trombe de la Ferrari sur TF1. *Marianne* paraît ce matin, c'est trop tôt pour en parler. L'*Observateur* raconte « le récit d'une chute » et décrit « l'univers impitoyable de TF1 ». *Le Point* a placé la Ferrari en pole position, c'est-à-dire en couverture, et parle de la « galaxie Sarkozy dans les médias ». Je parcours *L'Express* : rien en couverture, rien dans le sommaire ni dans les pages France ni dans les pages médias. Je cherche et trouve un titre accrocheur, « Grogne » ; j'imagine déjà un portrait de Poivre d'Arvor, dépité d'être viré, mais il s'agit simplement des éternelles disputes qui occupent les socialistes. Je vois « agenda chargé » et je pense à l'emploi du temps d'un journaliste de TF1, mais non, il s'agit des agendas de Sarkozy et du Premier ministre japonais qui, paraît-il, n'auront pas le temps d'échanger leur baguette avant l'année prochaine. Je découvre un autre titre, « Ça fermente » et me dis que le patron de TF1 devrait expliquer que le 20 heures commence à sentir le renfermé et qu'il faut changer tout ça. Je me suis encore égaré, il s'agit d'un article sur l'importance de la date de péremption imprimée sur les yaourts. Ah ! ça y est : « Cœur de glace », c'est bien sûr ce qui explique un PPDA imperturbable quand il présente le JT alors qu'il vient d'apprendre son licenciement. Eh non, il s'agit d'un nouveau traitement de la tachycardie. Je commence à me demander si *L'Express* sait que le fauteuil du 20 heures va changer de fessier à la rentrée, quand je tombe sur le titre suivant : « Les vérités qui dérangent », un dossier de dix-neuf pages. Pas d'erreur, c'est le grand déballage à TF1 à propos du départ de l'ancienne formule (PPDA) et l'arrivée de la Formule 1 (Ferrari). Las ! Je me suis encore trompé, c'est un dossier sur l'islamisme. Je m'inquiète : les lecteurs de *L'Express* ont « le droit de savoir » (comme dirait Charles Villeneuve, lui aussi viré de TF1). Je crois mon angoisse soulagée en découvrant le titre suivant « Le chouchou du président ». Ma joie est de courte durée : PPDA n'est pas le chouchou puisqu'il est licencié. Quant à Laurence Ferrari, si c'était d'elle dont il s'agit, on aurait titré : « La chouchoute du président ». Or, le titre est au masculin donc il ne peut s'agir que de Xavier Bertrand, le ministre du Travail qui a tellement envie de piquer la place de Fillon qu'on dit de son admiration pour Sarko qu'elle frôle le clonage. Bref, l'électeur de *L'Express* ignore tout du départ de PPDA et de l'arrivée de Laurence Ferrari. Pour les consoler, je leur donne un scoop : Quand Patrick a croisé Laurence, l'autre soir, dans l'escalier de TF1, il lui a donné un conseil judicieux, emprunté à un penseur américain (si, si, ça existe !) : « Quand tu montes à l'échelle, souris à tous ceux que tu dépasses, car tu croiseras les mêmes en redescendant. »

PS : Le meilleur titre concernant cette affaire revient à *Libération* : « Accident à TF1, PPDA renversé par une Ferrari ».

Le journaliste Jean-Pierre Elkabbach a attendu le décès du couturier Yves Saint Laurent pour annoncer sa disparition. Tous nos compliments.

Copé – Collé !

28 juin 2008

M. Jean-François Copé est un homme toujours souriant bien que très occupé. Il préside le groupe UMP à l'Assemblée nationale, ce qui consiste à faire la différence entre les députés de droite qui critiquent Sarkozy et ceux de gauche qui en font autant ; et lorsqu'on lui fait remarquer qu'ils disent la même chose, il sourit. Il est maire de Meaux, charmante commune de Seine-et-Marne où il est régulièrement réélu car tous ses administrés sans exception ont droit à son sourire au moins pendant les campagnes électorales. Enfin, comme pour être sûr de ne pas avoir une seconde à lui, il est avocat et trouve le temps d'ouvrir des dossiers et même de les plaider. Si on lui parle de cumul des mandats, il répond que c'est du mauvais esprit et corrige le tir en disant qu'il travaille beaucoup, oubliant, avec le sourire, qu'il y a beaucoup de gens qui travaillent beaucoup sans cumuler les mandats. Finalement, tout ça n'est pas très grave et donne de M. Copé une image plutôt sympathique. Mais là où notre président-maire-avocat prête le flan à la critique, c'est quand il accepte de diriger une commission devant proposer à Sarkozy une réforme de l'audiovisuel public. Il oublie qu'un beau matin, le président s'est réveillé avec une idée, et qu'en « Sarkozie », idée présidentielle égal loi. Ce jour-là, le chef de l'État s'est dit qu'en supprimant la pub sur la 2 et sur la 3 on permettrait aux téléspectateurs de se coucher plus tôt. Et pour ne pas donner l'impression d'avoir pris sa décision, il va créer une commission dirigée par Copé. Quand on est occupé comme Copé, on n'accepte pas un travail qui ne sert à rien ; les quelques socialistes membres de la commission l'ont compris avant lui : « Étant donné que les décisions sont déjà prises, ont-ils dit en substance, on s'en va. » Copé, lui, a continué à réunir les restes de la commission. Mais une fois de plus Sarkozy a fait un miracle : il a accepté des propositions avant même qu'elles ne lui soient faites, a pris les décisions qu'il voulait et attendu la fin des travaux de Copé et de ses collègues pour constater avec joie que leurs propositions correspondaient furieusement aux décisions qu'il allait prendre sans hésiter, puisqu'il les avait déjà prises. Le président de la République en a profité pour annoncer que le patron des chaînes nationales serait désormais nommé en Conseil des ministres. Cela rappelle fiévreusement l'époque où le ministre de l'Information, Alain Peyrefitte, rédigeait le contenu du journal de 20 heures de l'unique chaîne des années 1960. La ministre de la Culture a juré qu'il ne s'agissait pas du tout d'une reprise en main de l'information par le pouvoir politique. Reconnaissons à M. Copé d'avoir souri aux propos de Mme Albanel et d'avoir eu l'honnêteté de dire : « Au moins ça ne sera pas hypocrite ! » Voilà un aveu qui permet de penser que les futurs journaux télévisés nationaux ne feront pas souvent grincer les dents présidentielles. L'année dernière, M. Copé a écrit un livre intitulé : *Promis, j'arrête la langue de bois*. C'est la première fois qu'il met sa menace à exécution.

Chère Ingrid

5 juillet 2008

Comme vous vous en doutez, il s'est passé beaucoup de choses chez nous pendant votre absence. Je n'ai pas la place pour tout vous dire et vais m'efforcer de faire un résumé honnête des événements survenus depuis un an en cette France que vous aimez tant. Nous avons élu pour cinq ans un président jouissant alors d'une popularité considérable, qu'il a perdue en une année à peine. Il avait promis une augmentation du pouvoir d'achat qui demeure une promesse ; il a décidé d'envoyer quelques soldats en Afghanistan, ce qui va surexciter les terroristes, si tant est que cela soit possible ; il a débauché des socialistes au prix de compromissions auxquelles, j'en suis absolument certain, vous ne vous seriez jamais abaissée ; il supprime la pub à la télé publique, ce qui va permettre aux chaînes privées de gagner beaucoup d'argent alors qu'elles en ont déjà beaucoup. Il s'est estimé trahi par Villepin et s'est juré de se venger d'un ancien Premier ministre toujours empêtré dans l'affaire Clearstream. Il n'a pas hésité à traiter de pauvre con un imbécile qui visitait le Salon de l'agriculture ; et puis, et surtout, il a juré qu'il ne vous oublierait pas et il a tenu parole, même si c'est à l'habileté des militaires colombiens que l'on doit votre libération. Nous avons vite été éliminés de la Coupe d'Europe de football, certains se sont juré de se venger en ayant la peau du sélectionneur et ça n'a pas marché ! C'est un film français qui a remporté la palme d'or au Festival de Cannes, son titre : *Entre les murs*. Rassurez-vous, ça n'a rien à voir avec les prisons, ça se passe dans un collège et vous aimerez sûrement cette remarquable étude des comportements d'élèves et de profs. Ça me fait penser au procès qu'on vient de faire à un enseignant pour avoir giflé un élève qui l'avait traité de connard. Il y a une trentaine d'années, le sale petit con aurait aussi été giflé par son père, qui aurait donné raison au prof, et le gamin serait sûrement devenu quelqu'un de bien élevé. Bref, il s'en est passé des choses ; et pendant ce temps-là, vous étiez, chère Ingrid, prisonnière de terroristes quelque part dans la jungle amazonienne. Vous avez survécu, vous êtes libre et jeudi soir vous avez été interviewée sur France 2. Comme des millions de Français, j'ai été bouleversé par votre discours : en vous écoutant j'ai réalisé combien les événements évoqués plus haut sont dérisoires à côté de la force, de la sagesse et de la beauté de votre esprit. Tandis que certains présidents de société milliardaires se battent comme des chiffonniers pour s'enrichir encore plus, tandis que de vieux politiciens se battent eux aussi jour et nuit pour présider le Sénat, vous nous rappelez que vous avez été traitée comme on ne traite pas des animaux ; vous avez remarqué qu'on finit par se conduire comme des chiens quand on est traité comme des chiens ; donc vous avez été torturée. Or, vous n'en voulez pas du tout à vos tortionnaires et avez exprimé le souhait qu'ils donnent un jour un sens à leur vie. Merci de tout cœur, chère Ingrid, de nous avoir donné le plus bel exemple qui soit de bonté, d'honnêteté, de courage et de compassion. Je vous en prie, présentez-vous à l'élection de 2012 : vous serez élue au premier tour.

KOUCHNER DE LA GUERRE

19 juillet 2008

Depuis l'arrivée au pouvoir de Sarko, la mode est à la critique, surtout à gauche, des socialistes bon teint passés à droite, officiellement pour faire profiter la majorité présidentielle de leur superbe idéologie, mais en réalité par incapacité totale à résister aux honneurs, aux voitures officielles, aux égards, bref au pouvoir. Comme disait l'ancien secrétaire d'État américain Henry Kissinger : « Le pouvoir c'est l'aphrodisiaque absolu. » Parmi les rois du Mercato, héros des transferts les plus marquants, comme on dit dans le milieu du football, c'est à Bernard Kouchner que je voue ma plus grande admiration. Il maîtrise l'art du contre-pied, du virage à 180 degrés, et surtout du grand égard d'opinion qui en fait l'un des plus formidables acrobates politiques de ces dernières années. Depuis de Gaulle, on sait que la politique étrangère est le domaine réservé de l'Élysée. Mais aujourd'hui, au risque de semer une pagaille encore plus noire dans la circulation automobile parisienne, force est de constater que le Quai d'Orsay se situe 55 rue du Faubourg Saint-Honoré, adresse du palais présidentiel. D'où le grand égard permanent qui permet à Kouchner de posséder la plus belle paire d'adducteurs du territoire. Il donne son avis, Sarko dit le contraire, et non seulement il se range aussi sec à l'avis présidentiel, mais encore il félicite le président d'avoir trouvé la bonne solution. « Tu n'as pas été excellent, tu as été le meilleur », dit-il au chef de l'État qui vient de prononcer un discours devant les députés israéliens en oubliant complètement de parler du mur de la honte qui isole les Palestiniens, mur que notre ministre des Affaires étrangères condamne avec virulence. Kouchner traite d'assassin le président de l'Afrique du Sud Mugabe, ce qui est la moindre des choses ; désavoué une semaine plus tard, Kouchner propose un gouvernement d'union nationale placé sous l'autorité de... l'assassin en question ! On évoque l'absence de Sarkozy à la cérémonie d'ouverture des jeux Olympiques. Le matin, Kouchner parle d'une idée « appréciable » en pensant à son ami le dalaï-lama. Mais l'après-midi, il déclare que « nos amis chinois ont fait des progrès formidables en matière de droits de l'homme ». Quand on pense que le dalaï-lama arrive en France en août, on se demande comment ça va se passer. À mon avis on verra Kouchner avec son ami, ce dont les Chinois se foutent complètement. En revanche, on saura que Sarko reçoit le chef tibétain mais il n'y aura pas d'images, comme ça les Chinois seront contents. Sacré Kouchner, toujours prêt à donner raison au président de la République, même quand il pense qu'il a tort. Quel exemple de diplomatie. Je regrette qu'il ne pratique pas le patinage artistique, car sa maîtrise absolue du double axel et du triple salto lui aurait sûrement valu une médaille d'or. Il se consolera sûrement en assistant à la cérémonie de « clôture » des JO, ce qui, eu égard aux nombreux prisonniers politiques chinois, est un mot dont je lui déconseille l'emploi avec force.

JACK A DIT : « VOTEZ SARKO. »

26 juillet 2008

Loin de moi l'idée de faire du mauvais esprit, mais je dois à l'honnêteté de vous avouer que dans cette histoire de révision de la Constitution, ce qui m'a ému au plus haut point, c'est le courage dont ont fait preuve les gens de droite qui ont voté non et les gens de gauche qui ont voté oui. Je commencerai donc par féliciter de tout mon cœur les six kamikazes de l'UMP qui ont voté contre la réforme, malgré les multiples pressions et menaces proférées par les archers du président. Bravo donc à MM. Cuq, Geoffroy, Goulard, Grand, Le Guen et Miard. Retenez bien leurs noms : ils devraient mordre la poussière lors du prochain découpage électoral qui, en ce qui les concerne, devrait ressembler à de la charcuterie de qualité. J'ai découvert avec stupéfaction que, sur les cent cinquante-neuf sénateurs UMP, un certain André Lardeux a voté contre la réforme. En voilà un dont le siège devrait devenir furieusement éjectable lors du renouvellement sénatorial de la rentrée. Quand on pense à la qualité de vie des locataires du palais du Luxembourg : mandat de sept à neuf ans, quelques séances de débat pour la sieste, appartement de fonction, pas une vie de château mais presque, on peut se demander si ce brave Lardeux ne serait pas un peu masochiste sur les bords. Passons rapidement sur le cas du sénateur de l'Orne, Alain Lambert, qui s'apprêtait à voter non, lorsqu'il a reçu un coup de fil de l'Élysée à la suite de quoi il a annoncé faire passer son opinion après « l'intérêt supérieur de la nation ». C'est beau de sauver son siège en jurant que c'est pour la France. Je tiens absolument à présenter mes compliments chaleureux à M. Jean-Michel Baylet, président du parti radical de gauche, qui, après avoir été délicieusement traité de félon par les socialistes, a réussi l'exploit intellectuel cérébralo-acrobatique de déclarer dans le même discours : « Les radicaux s'opposent sans réserve à la politique du gouvernement », avant d'ajouter « Mon groupe votera oui à la réforme ». Gageons sans prendre de risque que la circonscription du citoyen Baylet ne sera aucunement charcutée mais maintenue en l'état pour services de gauche rendus à la droite. Bravo enfin à Jack Lang qui a voté oui au projet Sarkozy, Lang dont on se demande combien de temps il va encore résister au bonheur béat d'entrer au gouvernement. Enfin, chapeau à Sarkozy : indiscutablement c'est lui le plus fort. Une fois de plus il séduit suffisamment à gauche pour renforcer sa droite. Mais attention ! Il ne faudrait pas prendre les électeurs pour plus sots qu'ils n'en ont soi-disant l'air. Le président nous jure qu'il fait tout ça pour ses chers concitoyens. Mais il y a des moments où je me demande si, en son for intérieur, Sarko n'écrirait pas concitoyen en deux mots.

Jo-Ko

2 août 2008

En écoutant Europe 1 lundi matin, j'ai suivi un débat intéressant sur les jeux Olympiques dans l'émission de Jean-Marc Morandini. Avec étonnement, j'ai constaté que tout le monde était d'accord (c'est si rare en France !) pour admettre qu'en offrant les JO aux Chinois en 2001, le comité olympique international avait fait (je cite les auditeurs) « une bonne connerie ». Le personnage qui présidait l'institution à l'époque s'appelait M. Samaranch. Il aurait pu s'appeler « ça m'arrange » car on se doute bien qu'en échange de son vote et de celui qu'il avait vivement conseillé à ses amis, il a été, comment dirais-je, couvert de ces remerciements qui vous mettent à l'abri d'un malheur pour des dizaines d'années. Ces vieux messieurs peuvent toujours nous rappeler que le gouvernement chinois avait promis de faire des efforts importants en ce qui concerne les droits de l'homme dans leur pays ; les croire, c'était comme faire crédit à Giscard d'Estaing quand il dit éprouver de l'amitié pour Chirac. Sans être un prophète pessimiste, on peut dire que c'est mal parti pour les Jeux. Chaque jour, une arrestation et une interdiction apportent la preuve que les dirigeants chinois demeurent complètement bornés et n'ont plus que le mot répression à la bouche. Voici maintenant qu'ils bloquent l'accès à Internet pour empêcher les journalistes de faire leur travail. Si vous avez lu *France-Soir* mercredi dernier, vous savez qu'en face des 500 000 touristes annoncés à Pékin, il y a 500 000 flics qui les attendent ! Vous savez aussi que les premiers athlètes arrivés sur place ont parfois du mal à respirer à cause d'une pollution atmosphérique dix fois plus importante que les chiffres officiels. Or, que fait un sportif qui respire mal ? Il appelle son docteur et si par hasard le docteur en question a participé à la préparation des coureurs cyclistes espagnols, eh bien l'athlète retrouvera vite une forme éblouissante… avant d'être contrôlé positif ! Quand je vous dis qu'ils sont mal partis ces JO. Je suis content pour nos voisins allemands et anglais, car la chancelière Angela Merkel et le Premier ministre Gordon Brown ont décidé de rester chez eux plutôt que d'assister à la cérémonie d'ouverture des Jeux. Je suis sûr que Sarko ferait un bond olympique dans les sondages de popularité, qui lui sont si défavorables depuis le début de l'année, s'il décidait de renoncer à aller à Pékin le 8 août, compte tenu du mépris des dirigeants chinois pour la dignité humaine. On verra bien mais je n'y crois pas trop.

PS : Sarkozy n'ira pas à Brégançon pour les vacances donc Fillon n'ira pas non plus. En 1975, les Giscard y avaient invité les Chirac et le vieux châtelain auvergnat avait pris soin de faire installer des fauteuils pour son épouse et lui-même, et des chaises pour Jacques et Bernadette. À l'époque, il avait la haine fraîche. Espérons tout de même que si les Fillon sont reçus à Brégançon, étant donné l'immense amitié et le prodigieux respect que le chef de l'État éprouve pour son Premier ministre, ils auront au moins un tabouret avec un petit coussin pour pallier les effets de la sciatique.

Sévices publics

9 août 2008

Comme l'écrivait l'autre jour un confrère, le pauvre Patrick de Carolis, président en sursis du groupe France Télévisions, « a mangé son chapeau » le jour où il a fait voter par son conseil d'administration la suppression de la publicité publique à partir du 5 janvier prochain. Et comme il mesure 2 mètres, il doit bien faire 60 de tour de tête, ce qui représente beaucoup de feutre à avaler. Pour la première fois à l'Assemblée nationale, le vote a été quelque peu serré, je veux dire qu'il n'y a pas eu unanimité de la droite, loin de là ; un certain nombre de députés UMP ont joint leurs voix à celles de la gauche pour exprimer leur opposition à des chaînes sans pub et surtout à la nomination du président par l'Élysée. En fin de compte, tout cela ressemble à une manière de changement dans la continuité ; changement car les programmes du soir de France 2 vont commencer au moment précis où le fidèle téléspectateur du service public va faire pipi, et continuité car il gardera l'habitude de faire pipi après le dîner. On peut dire, même si certains le contestent, que Sarkozy est fidèle à ses idées concernant la diversité, et qu'il me permette de dire qu'il n'y a rien de nouveau dans ses propos récents sur le sujet : il a promis la diversité, or elle existe déjà un peu partout et grâce à lui, dans divers domaines et chez bien des personnes. Il y a la diversité du traitement : l'année dernière, la nomination de Rachida Dati au ministère de la Justice était, selon Sarko, la récompense de l'intelligence et du professionnalisme. Aujourd'hui le président déclare : « Rachida Dati et Rama Yade, ce n'est pas pareil parce que Rama, elle, est compétente. » Ça, c'est de la diversité. On a de plus en plus de mal à payer les retraites de centaines de milliers de salariés fatigués, tandis que leurs P-DG partent se reposer avec des centaines de millions d'euros, ça, c'est de la diversité. L'an dernier le chef de l'État vantait les mérites de la discrimination positive, aujourd'hui il n'en est plus question : c'est encore de la diversité. Hier, la droite traitait Tapie de voyou voleur, aujourd'hui Nanard empile des millions d'euros après avoir voté Sarko à la présidentielle, c'est toujours de la diversité. Tout cela est normal car le chef de l'État a réussi à faire incarner la diversité par un seul homme : son ministre Bernard Kouchner. Celui-ci est entré au gouvernement quelques semaines après avoir dit pis que pendre sur Sarkozy en campagne : il n'aimait pas le candidat et il adore le président ; ça c'est de la diversité. Il a fait nommer Rama Yade aux Droits de l'homme hier, et aujourd'hui il dit que c'était une erreur. On affirme que seuls les cons ne changent pas d'avis, c'est bien la preuve que M. Kouchner est supérieurement intelligent.

Revue de stress

16 août 2008

La pression, le trac, les nerfs, la peur, l'angoisse, bref le stress qui pèse sur les champions rêvant d'une médaille alimente depuis huit jours les commentaires des journalistes présents à Pékin pour couvrir les jeux Olympiques. On a beau, comme moi, regretter que les Jeux aient été confiés aux Chinois, car il était évident que leurs promesses de respect de la dignité humaine ne seraient pas tenues, il faut reconnaître que la cérémonie d'ouverture a été un chef-d'œuvre qu'il serait vain de ne pas applaudir. Quant au stress des champions, il demeure chaque jour suffisamment palpable pour qu'on regrette de voir les conditions atmosphériques en rajouter un peu. Dieu merci, certains journalistes s'efforcent de nous faire sourire par leurs tentatives incessantes et désespérées de faire un peu d'humour. Tandis que sur Canal + et Eurosport, on peut suivre avec un très vif intérêt les différentes épreuves diffusées en direct, simplement parce que les journalistes se contentent de faire leur travail de manière précise et rigoureuse en décrivant ce qui se passe, France Télévisions (la 2 et la 3) décide de nous amuser. Une jeune championne de judo échoue de peu pour une médaille d'or et on a droit à « l'argent ne fait pas le bonheur ». La pluie s'abat sur les canoës embarqués dans une déferlante inouïe, et un commentateur de la 2 ne peut s'empêcher de s'écrier : « Faire du kayak par ce temps-là c'est pas gai ! » Pourquoi pas gai ? Car en canoë-kayak, on pagaie ! Oui ils l'ont dit ! Passons sur la sensationnelle interrogation d'un journaliste de la 3 à propos de Mlle Manaudou : « Alors de l'or pour Laure ? », et je me dis que mes copains humoristes et moi-même n'avons qu'à bien nous tenir. J'allais dire que je ne citerai personne, mais je ne résiste pas au désir de féliciter mon camarade Gérard H. qui avait dû se coiffer au moins pendant trois quarts d'heure en réussissant une mèche parfaite avant d'interviewer Sarkozy. Mais quand il a dit au président : « Vous ne recevrez pas le dalaï-Lama », je n'ai pu que m'aplatir devant le courage inouï de Gérard H. pour aborder le sujet qui fâche. Mon camarade avait l'air tellement d'accord avec Nicolas qu'on ne pouvait qu'apprécier cette manière de complicité qui unit les deux hommes ; je me suis rappelé qu'ils font du jogging ensemble le dimanche matin depuis des années au bois de Boulogne ; forcément ça crée des liens. Il faut absolument que Gérard H. continue à faire le journaliste. L'autre soir, il a joué une pièce de Feydeau pour se faire plaisir et il a eu bien raison. L'ennui c'est qu'il a fait ça devant les cadreurs de France 2 qui ont dû se sentir bien seuls en le regardant. En effet ce soir-là, l'Audimat a réussi son plus mauvais score de l'année. Allez Gégé ! Continue à raconter ce que tu vois au lieu de réciter les textes des autres. Tu fais ça si bien !

PS : Quand je vois que Pékin accueille parmi les athlètes français le gymnaste Karbanenko, le champion de badminton Kehlhoffner, les handballeurs Herbrecht, Wendling, Krumbholz et Tounkara, la nageuse Popchanka, et le judoka Dimitri Dagin, je me dis que notre ministre de l'Immigration et de l'Identité nationale, Brice Hortefeux, a du pain sur la planche.

Comment faire dix versions ?

23 août 2008

Depuis le début de l'année, une étonnante bagarre oppose les dirigeants chinois, le président de la République française, quelques ministres et deux ou trois membres de ce qu'il reste de l'opposition pour savoir comment rencontrer ou ne pas rencontrer le dalaï-lama, tout en donnant le sentiment qu'on y est obligé si on le voit, et qu'on n'y est pas contraint si on réussit à l'éviter. Dans les deux cas, il ne faut pas contrarier les Chinois, tout en rappelant qu'on a beaucoup d'estime et de respect pour le chef spirituel tibétain. Certes, la répression et la violation permanente des droits de l'homme font horreur, mais bien entendu ça n'a rien à voir avec les jeux Olympiques. Briller par son absence à la cérémonie d'ouverture eût été un bel acte de courage et d'indépendance – que les Allemands et les Anglais n'ont pas hésité à commettre. Le président Bush a coupé la poire en deux : il est allé à Pékin le 8 août, mais il venait de recevoir le dalaï-lama. Et puis n'oublions pas qu'il s'en fout, puisqu'il prend sa retraite à la fin de l'année. En apprenant que Sarkozy assisterait à la cérémonie d'ouverture et ne verrait pas le responsable tibétain, j'étais content pour les Chinois mais pas pour nous. Dieu merci, il y a eu le feuilleton Kouchner. Première version : il rencontrera naturellement « son ami » le dalaï-lama. Deuxième version : il n'aura pas le temps, mais il le regrette. Troisième version : il pourrait trouver le temps, mais il ne sait pas quand. Quatrième version : il sait quand, mais n'est pas sûr de trouver le temps. Cinquième version : sa collègue Rama Yade a envie de rencontrer le chef spirituel, ce qui permettrait à Kouchner de continuer à ne pas avoir le temps. Sixième version : le ministre annonce qu'il rencontrera lui-même le dalaï-lama le 20 août. Septième version : le ministre déclare : « Le 20 août je ne peux pas. » Huitième version : Kouchner promet d'accompagner la première dame de France qui rencontre l'encombrant visiteur bouddhiste le 21. Neuvième version : rien n'est annulé donc tout est maintenu. Et enfin, dernière des dix versions : ils se sont vus hier. Ouf ! Je me dis que si le dalaï-lama se tenait un peu au courant des coutumes françaises, il aurait fait interner une demi-douzaine d'infirmières bulgares et il aurait été reçu en grande pompe à l'Élysée avant de coucher sous la tente dans les jardins de l'hôtel de Marigny. Je suis même prêt à parier qu'en sortant de table, il aurait félicité le président français en déclarant : « Encore un que les Chinois n'auront pas. »

ON NE TOUCHE PAS AU CLAVIER

6 septembre 2008

Profitant de cette période de fin de vacances pour jouir encore quelques heures d'une tranquillité à peine perturbée par une météo maussade, je faisais l'autre matin ma revue de presse quotidienne quand un gros titre à la une de plusieurs journaux m'a fait sursauter : « On a violé l'intimité d'un fidèle ami du président de la République. » Mon Dieu, me suis-je dit, aurait-on identifié le dealer qui fournit Doc Gyneco en anabolisants ? Non ! Roselyne Bachelot aurait-elle été contrôlée positive à l'EPO aux JO de Pékin ? Heureusement non ! Mais hélas c'est pire, je ne pouvais donc pas l'imaginer : une quinzaine de manifestants corses (si, si, ça existe, la preuve) ont occupé pendant une heure et demie le grand jardin de la grande maison du petit Christian Clavier, l'acteur de cinéma qui a eu le courage d'offrir son amitié à Sarkozy avant que celui-ci ne s'installe à l'Élysée. Aussi le président, au nom de cette belle relation, a-t-il saisi l'occasion pour rappeler qu'il combat et continuera de combattre par tous les moyens la violation de la vie privée d'autrui. En cette époque où les belles valeurs morales se perdent, où l'on condamne un professeur parce qu'il a giflé un petit merdeux qui l'a traité de connard, le chef de l'État a tout à fait raison d'user de son pouvoir pour faire régner l'ordre dans les propriétés de ses meilleurs amis. À l'appui de sa décision de révoquer le chef de la police corse, il y a l'attitude absolument insupportable, proche du terrorisme, des manifestants qui ont profité de l'absence du pauvre Christian Clavier pour entrer dans son jardin. Vous rendez-vous compte, mesdames et messieurs ? Quinze manifestants, autrement dit trente semelles foulant la pelouse d'une star, n'hésitant pas à coucher sous leur poids des millions et des millions de brins d'herbe à peine tondus par un jardinier qui n'est pas sorti de l'auberge, s'il veut redonner à la propriété de son patron sa splendeur d'antan. Bref, le chef de la sécurité Dominique Rossi est viré. Néanmoins, reconnaissons à Sarkozy son grand esprit de tolérance : il ne lui a pas retiré la Légion d'honneur dont il l'avait décoré au début de l'année. Il est vrai que dans cette affaire, le chef de l'État a le beau rôle : il fait régner l'ordre conformément aux vœux de ses électeurs. En revanche, je suis déçu par Christian Clavier qui paraît manquer singulièrement d'humour ; certes, la visite qui lui a été rendue en son absence manquait un peu d'élégance, mais quand je pense à la fortune qu'il a amassée grâce aux *Visiteurs*, je ne pensais pas qu'un jour il les dénoncerait à la police.

Il va falloir se taper Edvige

13 septembre 2008

Vous écrivez : exploitation documentaire et valorisation de l'information générale, vous prenez la première lettre de chaque mot et vous obtenez le prénom féminin le plus célèbre de France depuis huit jours : Edvige ! Or, il ne s'agit ni d'une star du cinéma national, ni d'une mère indigne qui aurait mis ses enfants au congélateur pour partir tranquille en vacances, mais d'un fichier de renseignement sur les citoyens susceptibles de troubler l'ordre public. Ce qui est très inquiétant, c'est que la première catégorie de personnes visées est, je cite l'article de loi, « celles et ceux qui exercent un mandat politique, syndical, économique, social ou religieux ». Il faut donc savoir que les premiers fichés vont être les députés et les sénateurs, les 36 000 maires, tous les ministres du gouvernement Fillon, les curés, les rabbins, les pasteurs, les imams, les bonnes sœurs, l'archevêque de Paris, Bernard Thibault pour la CGT, François Chérèque pour la CFDT, Jean-Claude Mailly pour FO. Et ce n'est pas tout, car l'article de loi ajoute, je cite à nouveau : « Peuvent y figurer des informations sur les situations patrimoniales et fiscales, ainsi que sur la santé et l'orientation sexuelle des personnes fichées. » Aux premiers nommés je peux donc ajouter les propriétaires (ça commence à faire du monde), les contribuables (là on commence à atteindre des chiffres énormes), les malades et les citoyens sexuellement pratiquants. Avec une pudeur qui honore les signataires, le texte parle des « orientations sexuelles » des personnes fichées. Le dictionnaire précise que le mot orientation signifie « position d'un objet par rapport aux points cardinaux ». Alors, va-t-on ficher ceux qui portent à gauche ou à droite ? Ceux qui ne voient rien, ou bien ceux qui apprécient vigoureusement la présence d'une tierce personne ? Comment va-t-on sélectionner les femmes devant être fichées ? En me relisant, je me dis que tous les Français ou presque appartiennent aux différentes catégories de personnes méritant d'entrer dans Edvige. Les bébés paraissent devoir être épargnés, mais jusqu'à quel âge ? On peut espérer aussi qu'Edvige laissera tranquille les citoyens sans appartenance politique, sans feuille d'impôt, sans problème de santé, sans propriété, sans conviction religieuse, et dont l'activité sexuelle n'a rien à voir avec les quatre points cardinaux, ce qui signifie qu'elle ne s'exercerait qu'au centre. Je ne vois qu'un citoyen français pour réunir tous ces critères : François Bayrou. Il est en bonne santé, il ne possède pas la mairie de Pau, il n'est pas religieux, il n'a pas de parti politique puisqu'il est tout seul à soutenir son éternelle candidature à l'Élysée, et quand il est en forme il vise au centre. Donc en principe, Edvige il s'en fiche.

Singulier : Sénat
Pluriel : sénile
27 septembre 2008

Eh non, ce n'est pas ma faute s'ils sont plusieurs, très exactement trois cent quarante-trois sénateurs à siéger (c'est en effet un sport assis) au palais du Luxembourg ! Mais je dois à l'honnêteté de préciser qu'ils ne sont pas tous atteints par la limite d'âge : d'abord parce qu'il n'y a pas de limite – c'est là une belle excuse –, ensuite parce que au moment du dernier renouvellement sénatorial, on a vu arriver quelques jeunes de moins de soixante-quinze ans, ce qui est là-bas un événement proche de la révolution. J'en profite pour féliciter Mlle Sophie Joissains, qui n'a pas quarante ans et vient pourtant d'être élue sénatrice. À ce train- (de sénateur) là, la moyenne d'âge devrait tourner autour de cinquante-six ans en 2094, mais on n'en est pas là. Le devoir de *France-Soir* étant d'informer ses lecteurs avec l'honnêteté et la précision qu'impose la responsabilité du journaliste, penchons-nous sur cette belle institution. Le contribuable doit savoir qu'une partie de l'impôt qu'il verse à l'État permet de faire vivre ce merveilleux hospice, le seul en France où l'on paie ceux qui y survivent. Chaque sénateur coûte un million d'euros par an, soit 343 millions à l'État. Passons rapidement sur la vulgaire situation du membre lambda qui se contente de toucher 7 000 à 8 000 euros par mois, pendant six ans, à condition de venir de temps en temps faire un petit séjour sur son banc, histoire de donner sa voix, et non pas de la voix. Il arrive même que l'on vote à main levée, ce qui, en particulier à l'heure de la sieste, engendre un énorme pourcentage d'abstention. Ce qui est passionnant, c'est la vie que mènent le président, les vice-présidents et les questeurs. Ils jouissent d'un appartement de fonction dans le quartier du Luxembourg, plus un autre appartement à Versailles au cas où le Parlement tout entier se réunirait au château, ce qui peut arriver une fois dans l'année. Le mieux servi est le président qui, en supplément, a l'usage permanent d'un hôtel particulier de 400 mètres carrés sis dans le jardin du Luxembourg – le genre de boui-boui qui fait rêver les smicards et fait dire aux sénateurs : « Il y a plus malheureux que nous. » Permettez-moi enfin de rendre hommage au plus extraordinaire miraculé de l'histoire sénatoriale : je veux parler de Jean-Pierre Chevènement qui est entré au palais du Luxembourg la semaine dernière. Après avoir perdu son siège de député du Territoire de Belfort et son fauteuil de maire, il ne lui restait plus qu'à tenter le Sénat. Or, le parti socialiste, considérant que le miracle grâce auquel il est sorti du coma il y a quelques années devait suffire à son bonheur, lui a mis deux adversaires dans les pattes, et il courait à la défaite lorsque l'un des deux candidats, M. Dreyfus-Schmidt, est décédé dix jours avant le scrutin, permettant à Chevènement de devenir sénateur. Il paraît qu'il a supplié le médecin de son adversaire de ne pas l'hospitaliser au Val-de-Grâce. Là, naturellement, on aurait ressuscité M. Dreyfus-Schmidt, et je ne te raconte pas la tête de Chevènement…

PATRONS : SOYEZ MAUVAIS, ÇA RAPPORTE !

4 octobre 2008

En vérité je vous le dis, il y a des formules toutes faites qui méritent d'être sérieusement revues et corrigées. La crise financière mondiale qui a pour première conséquence de voir les banques, longtemps considérées comme pleines aux as, devenir des victimes, me conduit à penser qu'il faut, pour un long moment sans doute, bannir du vocabulaire usuel l'expression « aux innocents les mains pleines ». En effet, depuis quelques années, et la crise remet le sujet à la une des journaux, on nous raconte l'histoire tristement vraie de chefs d'entreprise que le conseil d'administration finit par virer, mais qu'il console avec une effrayante addition d'indemnités de départ et de stock-options, addition qu'on appelle parachute doré. Je ne sais pas à quoi aurait ressemblé la fin de vie de M. Noël Forgeard s'il avait convenablement géré EADS, s'il n'avait pas accumulé les retards de livraison de l'Airbus A380. Mais ce que l'on sait bien, c'est que sa mauvaise gestion lui a fait prendre une retraite anticipée avec dans la poche un chèque de 12 millions d'euros auquel il s'accroche comme un morpion à un testicule. M. Philippe Jaffré a fait perdre à Elf la bataille boursière menée contre Total, et pour le punir on l'a prié de rentrer chez lui avec 37 millions d'euros ! Le célèbre Jean-Marie Messier a fini par renoncer aux 20 millions d'euros dont il rêvait en quittant Vivendi par la petite porte ; veuillez, mesdames et messieurs, priez pour lui car avec ce qui lui reste, M. Messier doit sûrement se battre pour toucher le RMI qui lui permettrait de payer le paillasson de son appartement à New York. L'ancien président de Carrefour, M. Daniel Bernard, viré du jour au lendemain pour mauvais et déloyaux services, est parti avec 9 millions d'euros immédiatement versés et une rente de 29 millions jusqu'à son décès ; rendez-vous compte : n'est-ce pas la misère absolue ? Et n'oublions pas de présenter nos hommages respectueux à Mme Patricia Russo, directrice générale d'Alcatel, société qui a perdu 4 milliards d'euros en dix-huit mois ; pour ce joli service rendu à l'entreprise, Mme Russo, qui a eu l'immense courage de démissionner avant même qu'on la remercie, n'a pas omis de mettre dans son sac à main un petit chèque de 6 millions d'euros. N'oublions pas que ces braves patrons responsables et coupables auraient parfaitement bien vécu avec leur retraite sans les chèques monstrueux qu'on leur a accordés. Alors faisons l'addition : Forgeard 12 millions + Jaffré 37 millions + Bernard 38 millions + Russo 6 millions (pour ne parler que de cela), cela fait 93 millions d'euros (ça ne serait pas mal d'entretenir le RSA avec ces broutilles). Comme vous le voyez, la formule qui s'impose aujourd'hui est : « Aux coupables les mains pleines. » Je note néanmoins que ces patrons milliardaires ont un point commun : sur les photos, ils font tous la gueule, ils ont presque l'air malheureux. Alors, comme a dit Jules Renard : « Si l'argent ne fait pas le bonheur, rendez-le ! »

Les aventures de Sœur Emmanuelle et Frère Dominique

25 octobre 2008

Il était une fois une femme au cœur plein de bonté qui ne songeait qu'à en faire profiter les autres. En écoutant les hommes politiques français de droite comme de gauche lui tresser des lauriers pour sa belle pauvreté, tout en laissant les mauvais patrons prendre leur retraite en croulant sous les millions d'euros, elle se dit que si la nourriture était mal répartie dans le monde, il fallait bien quelqu'un pour commencer à tenter de rétablir l'équilibre. « Ce que je fais, disait-elle, c'est verser une cuillère d'eau dans la mer ; mais je continuerai toute ma vie à verser une cuillère d'eau dans la mer. » Et à l'âge où l'ancien P-DG de Vinci, Antoine Zacharias, partait à la retraite, avec 173 millions d'euros de stock-options, et un salaire définitif de 2 millions par an (on comprendra que le pauvre homme réside désormais en Suisse), Sœur Emmanuelle partait trier les ordures dans la banlieue du Caire pour donner un peu de joie aux dizaines de milliers d'Égyptiens prisonniers des bidonvilles. Elle consacrait sa vie au bon Dieu, tombait amoureuse au point de se demander si elle allait changer d'existence, puis reprenait « son bon chemin », pour ne plus servir que son premier amour, ce qui l'éloignait définitivement de la presse people car, même quand elle jurait que Dieu était à ses côtés, les photographes étaient bien obligés de se contenter de sa seule présence pour l'immortaliser : « Je suis persuadée, disait-elle, qu'en arrivant au ciel, le Seigneur ne me demandera pas quelle place j'occupais dans les sondages. »

Il était une fois un ancien ministre français, malin au point d'avoir réussi à se faire apprécier dans le monde entier par bon nombre de gens de droite, lui, le socialiste. Le président de la République n'a pas hésité à s'engager pour lui permettre de diriger le Fonds monétaire international. Or, à sa façon, il va lui aussi montrer son immense capacité à aimer. Ses collaboratrices l'admirent pour son habile manière à mêler la compétence et le charme. Et voici qu'une jeune femme qui travaille près de lui se sent tellement respectée qu'elle en oublie la prétendue pudibonderie américaine et l'officielle Anne Sinclair, pour succomber au charme – et aussi peut-être à la compétence – de son patron Dominique Strauss-Kahn. Il paraît que ce genre d'événement se produit en gros un milliard de fois par jour dans le monde. On saura bientôt si la jeune séductrice, aujourd'hui rentrée dans son pays avec son mari, n'aurait pas profité de sa beauté pour arrondir ses indemnités de départ, ce qui, on en conviendra, serait une bien vilaine technique pour joindre l'utile à l'agréable. En attendant, le calme est revenu au FMI. Mon ami humoriste Patrick Font croit savoir que, lundi dernier, une jeune femme s'est présentée au siège de l'organisation à Washington. « J'ai rendez-vous avec Dominique Strauss-Kahn », a-t-elle dit à l'hôtesse d'accueil, qui lui a répondu : « Prenez la queue, comme tout le monde ! »

Obama n'a pas de nègre !

1er novembre 2008

Le général de Gaulle savait très bien ce qu'il disait en affirmant que la France, un pays où l'on trouve trois cent quarante-trois sortes de fromages différents, est ingouvernable. Quels que soient les sujets dans les journaux ou les questions posées par les sondeurs, le peuple français est imprévisible. On annonce un an à l'avance la date de l'élection présidentielle, et aussitôt les Français se lancent dans des réflexions contradictoires, mêlant habilement (et peut-être inconsciemment) sincérité et mauvaise foi, attribuant à leur candidat préféré toutes les qualités imaginables, et à « l'ennemi » des défauts qu'il n'a pas. Ainsi, on arrive à la veille de l'élection avec un pourcentage d'indécis qui sème la pagaille dans les instituts de sondage. Tout ça parce qu'il s'agit d'élire un Français. En revanche, si nous devions voter pour un Américain, il n'y aurait pas d'hésitation : à 80 %, nous sommes des démocrates et Obama serait élu avec un score proche de celui des présidents africains. Aussi doit-on poser la question : qu'avons-nous contre McCain ? C'est très simple : rien dans les principaux arguments des électeurs républicains ne présente pour les Français le moindre intérêt : ils sont pour les Blancs et nous, on s'en fout car, ici, la question ne se pose pas. Le jour où nous aurons un candidat de couleur à la présidence de la République on pourra seulement regretter que Le Pen ne soit plus là pour voir ça. Ils veulent que les riches ne payent pas trop d'impôts, chez nous le problème est réglé : tous nos tennismen vivent en Suisse. Ils sont favorables à la possession d'armes. Là aussi on s'en fout : pour tirer sur Sarkozy on a les aiguilles des poupées vaudoues, ça nous suffit largement. Et enfin, les républicains sont pour la guerre en Irak et nous, par la voix émouvante de M. de Villepin à l'Onu en 2003, on leur a dit ce que l'on pensait. Donc en France, c'est Obama qu'on porterait à la magistrature suprême, étant entendu que les Français préfèrent un président noir à la Maison-Blanche qu'à l'Élysée. Et puis ils approuvent Obama quand il préfère la paix à la guerre, l'impôt payé par ceux qui peuvent, et le retour des GI à la maison (tandis que le vieux républicain se dit prêt à rester cent ans en Irak, lui qui doit la vie à son retour du Vietnam). Et puis il y a Mlle Palin qui serait présidente des États-Unis au cas où McCain ne tiendrait pas le coup. Elle a dépensé des milliers de dollars pour se faire belle et débiter des dizaines de conneries à la télévision, ce que même les électeurs républicains commencent à trouver regrettable. Il paraît qu'un chômeur supporter de McCain a dit l'autre jour à son voisin de bistrot : « Les esclaves, eux, au moins, ils avaient du travail ! »

Un grand noir, what else ?

8 novembre 2008

On ne va pas croire que l'élection de Barack Obama à la présidence des États-Unis va provoquer une baisse de consommation du café ; en effet il n'est pas imaginable de voir un bon Américain demander « un grand noir » au bistrot du coin et s'entendre répondre : « Vous en avez un à la Maison-Blanche, ça devrait vous suffire ! » Mais, et c'est le moins que l'on puisse dire, le nouveau président n'a pas eu tort d'employer des dizaines et des dizaines de fois le mot « changement » dans ses discours prononcés un peu partout dans son pays, car s'il y a une rupture qui doit s'opérer aux États-Unis dans les mois qui viennent, c'est bien celle qui aura opposé, dans le fond comme dans la forme, la triste présidence de Bush et la présidence, on l'espère digne et courageuse, de Barack Obama. Bien entendu, sur le fond on va attendre un peu, au moins jusqu'au 20 janvier prochain, date de l'installation du nouvel élu à la Maison-Blanche. Mais sur la forme, on peut déjà faire quelques comparaisons. Les électeurs américains ont envie de faire confiance à Obama quand il dit : « Je serai toujours honnête avec vous. » Bush, sur le sujet, se contentait de dire : « Il y a une grande confiance autour de moi. Chaque jour on me dit : "Ne nous laissez pas tomber une fois de plus." » Obama est émouvant de sincérité quand il déclare : « À ceux qui veulent la paix et la sécurité, je réponds : nous vous soutenons. » Bush, lui, reconnaît que rien n'est facile en la matière et avoue dans un discours : « L'Amérique a connu des temps difficiles par le passé et nous sommes prêts à les renouveler. » Voilà qui explique la belle réélection de W. en 2004. Et puis ce serait malhonnête d'oublier de dire que George Bush n'a pas attendu qu'Obama déclare le soir de son élection : « Le changement est arrivé en Amérique. » En effet, dès le 30 octobre 2001, le futur ancien président déclarait : « Je vous annonce que dès jeudi les guichets et les avions de l'aéroport Reagan pourront décoller. » Enfin, retenons du discours d'Obama cette réflexion qui permet de croire autant à la valeur de sa sincérité qu'à la grandeur de sa lucidité : « La route sera longue, nous ne parviendrons peut-être pas en un an ou même un mandat à réussir, mais l'Amérique y arrivera, je vous le promets nous y arriverons. » Les électeurs américains ont, eux aussi, bien changé car en 2004 ils ont fait confiance à Bush quand il leur a fait sa plus belle promesse électorale : « Cela demandera du temps pour restaurer l'ordre et le cahot, mais nous nous y attelons ! » Enfin, saluons notre ministre Christine Lagarde qui a dit que l'élection d'Obama était comme celle de Sarkozy, c'est-à-dire l'élection d'un homme issu d'une minorité : « Allons, Christine, ne nous aveuglons pas : quand Sarkozy est bronzé c'est le soleil, alors qu'Obama c'est héréditaire. »

Casino Royal

15 novembre 2008

Il n'aura pas été nécessaire de faire jouer les relations de Charles Pasqua pour permettre l'ouverture d'un casino à Reims. L'ancien ministre de l'Intérieur s'était beaucoup démené, il y a une quinzaine d'années, pour offrir un casino à quelques amis ayant choisi la commune d'Annemasse pour y faire flamber leurs clients. Cette fois-ci, le vieux gaulliste n'y est pour rien. Le casino de Reims accueille ce week-end et d'un seul coup quelques milliers de joueurs qui connaissent les règles, mais ignorent ce qu'il y a à gagner. Le groom Hollande, qui partira dès que tout le monde y sera entré, dirige les visiteurs vers les différentes activités. Chacun est prié de préciser ce qui l'intéresse. C'est moins évident que dans une salle de jeu traditionnelle, car si tout se joue à la roulette, les chiffres ont été remplacés par des chapitres : aux flambeurs appelés militants, on propose la table « section », passage obligatoire avant de pouvoir jouer à la table « fédération ». Puis, après un bref arrêt à la table « convention », on a le choix entre les nombreuses petites tables « motion ». La motion Royal contient un habile mélange de velouté Rebsamen, piment Hamon, Martini Bianco et un peu d'eau de Valls.

La motion Delanoë s'est contentée d'une pincée de Moscovici, ce qui n'a pas suffi à contrer l'offensive Royal. La motion Aubry s'est offert la caution Mauroy et le croupier Peillon (à ne pas confondre avec le croupion payé, comme aurait dit la Comtesse du *Canard enchaîné*). Pendant trois jours, les flambeurs militants vont essayer de comprendre ce qui peut sortir de cette espèce de roulette russe, où une certaine motion, bien qu'appuyée par les fédérations, pourrait être remportée par différents courants (il y en a plusieurs, sinon on s'ennuierait) alors que les commissions encouragées par le comité exécutif, lui-même soutenu par le bureau politique, devraient veiller à ne pas se laisser tirer vers la gauche de la gauche, car alors, même l'autorité du bureau national se verrait affaiblie, voire bafouée par les collectifs régionaux contraints à leur tour de plier sous le poids des attaques du comité directeur. Il est vrai que pour celui qui vient au casino pour la première fois de sa vie, le règlement, ou plutôt les différentes réglementations laissent perplexe, quand elles ne conduisent pas au désespoir. Il va pourtant falloir nommer un directeur de ce casino royal car en 2012 il faudra bien aller défier Sarko le flambeur qui, il faut bien l'admettre, est plié en deux de rire en voyant ses adversaires éventuels se déchirer et tenter de surnager dans les courants. Il peut le dire – et il est probable qu'il ne s'en prive pas – : « À gauche rien ne va plus. »

Nicolas, pardonnez-nous nos offenses

22 novembre 2008

À peine dix-huit mois après son élection, Sarkozy a déjà battu un record par l'intermédiaire de son avocat : il a porté plainte sept fois, la plupart du temps pour offense au chef de l'État. Si j'ai bonne mémoire, la première contradiction présidentielle portait sur une publicité pour les beaux voyages très chers qu'offrait une agence en tentant d'attirer le client par la photo d'un homme et d'une femme visiblement ravis de se trouver à l'autre bout du monde dans un hôtel de luxe ; l'ennui c'est que le couple n'était autre que celui formé par Carla et Nicolas. Et puis il y a eu l'affaire de la pancarte où un chômeur avait inscrit « Casse-toi pauv'con » sur le passage du chef de l'État. Dans sa grande mansuétude, la justice a accordé le sursis au contrevenant, le condamnant à 30 euros d'amende, auquel s'ajoutent 90 euros de droit de procédure, réduit à 75 euros s'ils sont réglés dans le mois qui suit la condamnation. Le pauvre chômeur aurait bien voulu savoir pourquoi Sarko n'a pas été condamné quand il a donné le même conseil au visiteur du Salon de l'agriculture qui refusait de lui serrer la main, mais il n'avait pas les moyens de se payer un avocat et a pensé, à juste titre, que ça lui coûterait moins cher de se payer la tête du président de la République. Dieu merci, on s'en sort mieux quand on pratique avec humour ce qui peut paraître se rapporter à l'offense au chef de l'État, sinon le théâtre où j'ai la joie d'officier tous les soirs avec, notamment, mon vieux complice Jean Amadou, serait fermé depuis longtemps. Le sujet qui nous intéresse me conduit à vous raconter une histoire vraie : au début des années 1950, le fameux Pierre Dac se produisait dans un cabaret où il affirmait : « Le président de la République Vincent Auriol a une tête à faire tourner une mayonnaise. » Figurez-vous que le préfet de police convoque les trois compères qui se succédaient sur la même scène, soit Pierre Dac, Jean Rigaux et Francis Blanche, excusez du peu ! Le préfet les accueille et demande à Pierre Dac de bien vouloir retirer la phrase de son tour de scène. Le temps de revenir de sa surprise, l'auteur de cette autre affirmation fameuse, « Il vaut mieux s'enfoncer dans la nuit qu'un clou dans la fesse », répond au préfet : « D'accord, à une condition, j'irai voir le président demain, j'aurai un pot de mayonnaise à la main, si la mayonnaise ne tourne pas je retirerai ma phrase ! » Bien entendu l'affaire en est restée là, mais que Sarko se méfie car un jour un citoyen pourrait bien dire de lui qu'il n'est pas drôle et se présenter à l'Élysée en disant au président : « Si vous me faites rire je retire ma phrase. » Et le chef de l'État ne pourra pas lui dire : « Casse-toi pauv'con », car le citoyen en question pourra se permettre de rétorquer : « Celle-là je la connais déjà, vous pourriez vous renouveler un peu. »

Ni pub ni soumise

29 novembre 2008

Quelle que soit la violence des débats entre députés acquis ou opposés à la future loi qui va supprimer la publicité sur les chaînes publiques, voici que la « télévision nationale » va peut-être ressembler à ce qu'elle était sous de Gaulle dans les années 1960. Certes, la ligne directe entre un ministre de l'Information et un rédacteur en chef du journal télévisé n'existe plus. Elle serait aujourd'hui caduque dès lors que le chef de l'État nomme lui-même le P-DG des chaînes publiques. On n'imagine pas à présent un conseiller de l'Élysée appeler David Pujadas pour lui donner un avis présidentiel sur le contenu du 20 heures de France 2. On imagine encore moins ce même conseiller appeler Audrey Pulvar pour lui faire part d'un désir présidentiel de voir telle image faire l'ouverture du journal de 19 h 30 sur France 3 ; d'autant moins que la jeune et belle femme, plus à la mode que jamais depuis l'élection de Barack Obama à la présidence des États-Unis, n'hésite pas à manifester publiquement son opposition à la future loi. Elle a même poussé le culot jusqu'à faire remarquer au chef de l'État qu'il ne répondait pas à une question qu'elle lui posait lors d'une interview au printemps dernier. Elle avait raison ! Et le fait qu'elle soit toujours aux commandes de son journal prouve bien que la censure n'est plus ce qu'elle était. Si la journaliste est encore là dans un an, on pourra recommencer à croire à la séparation de l'info et du pouvoir, comme on croit encore à celle de l'Église et de l'État que la loi de 1905, vaille que vaille, maintient toujours. Ce qui nous inquiète c'est la disparition de la publicité du soir sur les chaînes publiques dès le début de l'année prochaine. Je me rappelle cette bonne émission intitulée « Avis de recherche », dont la vedette, un soir, était Coluche. Il répondait à l'animateur qui l'avait brusquement interrompu pour lui signifier que c'était le moment de l'écran publicitaire. Face à la caméra, Coluche s'était écrié : « Mesdames, messieurs, vous pouvez aller pisser, c'est la pub ! » Son conseil était largement suivi, j'en veux pour preuve un sondage faisant état d'une utilisation formidablement massive des chasses d'eau françaises, alors même qu'était diffusée une pub sur les bienfaits incomparables des dragées Fuca. Eh bien, à partir de janvier, c'est fini, il n'y aura plus de publicité entre la dernière image du JT de France 2 et la première image du film ou de la série du soir. On s'interroge donc : quand va-t-on aller tirer la chasse ? Un ami restaurateur me faisait remarquer qu'un député UMP proposait de remplacer le temps de pause publicitaire par une communication sur le travail gouvernemental. Et mon ami me dit : « S'il s'agit d'une propagande sur la promesse d'une TVA à 5,5 % qu'on ne voit toujours pas venir, autant aller pisser ! »

Ouvert le dimanche

13 décembre 2008

Au risque de choquer ou simplement de contrarier je ne sais qui, j'avoue que depuis longtemps je suis favorable au travail du dimanche. Après avoir lu le projet de loi qui devrait, non pas régler, mais écarter le problème, je me suis dit que c'est bien de laisser la liberté de travailler ou de se reposer le dimanche à celles et ceux qui en ont le choix. Et si l'on décide d'exercer son métier le septième jour, on nous promet un salaire double d'une part et de l'autre un jour de récupération. Si ça doit se passer ainsi, tout sera pour le mieux et personne ne se plaindra ; les mères de famille seront débarrassées des colères du dimanche de leurs rejetons en tenant la caisse d'un grand magasin, et si elles ont vraiment besoin de repos, elles ne prendront surtout pas le mercredi car il n'y a pas école et les gamins pourraient leur faire payer leur absence du dimanche. Les clients, eux, seront bien contents de faire leurs courses sans se presser. Bref, tout le monde devrait être content. L'ennui c'est que ça ne se passe pas comme ça. Car, à côté des gentils patrons qui appliquent déjà la future loi et emploient donc des travailleurs heureux, il y a hélas des salopards qui n'hésitent pas à faire semblant de respecter la loi et la contourne sans scrupule. La technique est simple : tout haut, le directeur du magasin dit : « Chère madame, vous n'êtes pas obligée de travailler le dimanche. » Tout bas, il se dit : « Si elle refuse je la vire. Le temps qu'elle me conduise aux prud'hommes, j'aurai trouvé une autre mère de famille qui n'aura pas les moyens de refuser. Et je pourrai donc gagner le maximum d'argent en me reposant le dimanche, bien entendu. Certes les syndicats ne vont pas me lâcher, ils sont payés pour ça. Ils sont même très bien payés, ce n'est pas M. Gautier-Sauvagnac qui dira le contraire. Au fait, on n'en parle plus de l'ancien patron de la métallurgie du Medef ; on sait qu'il a été mis en examen et qu'il ne sait plus quoi faire des valises de liquide qui encombrent sa belle maison normande. Apparemment le magistrat instructeur ne sait plus où il a rangé le dossier. Je l'envie M. Gautier-Sauvagnac, il est pénard, riche et en bonne santé. En face, moi je me bats avec un personnel qui veut se reposer le dimanche, ça menace ma trésorerie et ça me fatigue. » Laissons ce pauvre directeur de magasin se reposer avant d'aller aux prud'hommes, mais conseillons-lui de se méfier. Ses employés pourraient s'approprier cette réflexion que l'écrivain Alexandre Soljenitsyne attribue à l'un de ses personnages : « Quand on travaille pour des hommes on en met un coup ; pour des cons on fait semblant. »

Crise de foi

27 décembre 2008

Il faut reconnaître que c'est plutôt rassurant de voir rassemblés chrétiens, juifs et musulmans comme c'était le cas lors de la messe de minuit célébrée pour Noël en la cathédrale d'Évry et retransmise en direct sur France 2. Tous sans exception donnaient le sentiment d'être heureux de se trouver là et de prier ensemble. Voilà un bel exemple d'unité et d'entente entre les peuples que les chefs d'État concernés (Israël et la Palestine pour ne citer que ceux-là) vont s'appliquer à ne pas suivre avec obstination : d'un côté comme de l'autre c'est plutôt le genre à dire : « Pardonnez-nous nos offenses, comme nous ne pardonnerons jamais à ceux qui nous ont offensés. » C'est bien la preuve que l'exemple peut venir d'en bas et ne pas être suivi en haut. Le problème réside non pas dans le contenu de textes comme la Bible ou le Coran, mais bien dans l'interprétation qu'on en fait. On a beau faire dire aux catholiques « Tu ne tueras point », ils ont toujours été en majorité favorable à la peine de mort. Ils ont beau essayer de se dédouaner en précisant : « Nous sommes pour, mais seulement dans les cas extrêmes », ça ne change rien. Il est facile et naïf de dire que si tous les textes religieux étaient respectés et appliqués à la lettre, tout serait pour le mieux dans le meilleur des mondes. Et puis on sait que parole de président n'est pas parole d'Évangile, sinon Sarkozy aurait trouvé le pouvoir d'achat qu'il a promis d'aller chercher avec les dents, Bush aurait découvert en Irak les armes de destruction massive qui n'existaient pas et Poutine aurait distribué des bulletins de vote aux Tchétchènes plutôt que des rafales de kalachnikov. Il faudrait que Noël finisse par avoir de l'effet. Tous les ans, le pape lance un appel pour la paix en Afrique et au Proche-Orient ; il est bien obligé de recommencer étant donné qu'au Darfour comme à Gaza, l'injustice ne régresse pas plus que la famine et la haine. À la fin de la messe de minuit, on a chanté le Magnificat où il est dit : « Le Seigneur a dispersé ceux qui s'enorgueillissaient dans les pensées de leur cœur. » J'en doute quand je constate que les supporters du PSG sont toujours unis et à couteaux tirés avec ceux de l'OM. Il est dit aussi : « Il a renversé les puissants de leur trône et a élevé les humbles. » J'en doute quand je vois les présidents tunisien et algérien faire voter une loi qui les maintiendra au pouvoir au moins jusqu'à leur mort. Il est dit enfin : « Il a comblé de biens les affamés et a renvoyé les riches les mains vides. » J'en doute quand je constate que les employés de la société EADS s'arrachent les cheveux face à la crise alors que leur ancien patron « Joyeux » Noël Forgeard a gardé les 8 millions d'indemnités qu'il a reçus quand il a été viré. Et je ne parle pas des affamés. Non décidément tout ça ne me paraît pas très catholique.

Ne mettons pas tous nos vœux dans le même panier

3 janvier 2009

Les pessimistes ont dit que l'année serait grise
Ne retenant d'hier que la nouvelle crise ;
Plutôt que de crier : « Allons, au gui l'an neuf »
Ils n'ont parlé que de mille neuf cent vingt-neuf.
Pour le pauvre smicard et autre RMiste
Il faudrait se forcer afin d'être optimiste.
L'effort n'est pas facile ; en s'adressant debout
À ceux qui ont du mal à joindre les deux bouts,
Sarkozy a montré, mercredi, par ses vœux
Qu'il espère un pays comme lui bien nerveux.
« La crise est un défi », a dit le président
Qui cherche le pouvoir d'achat avec les dents.
« Je mettrai le paquet », disait-il amical ;
Hélas, il s'agissait d'un gros paquet fiscal.
Sans vergogne Sarko s'est tourné vers la gauche
Où il sait que personne ne craint la débauche.
On savait que depuis longtemps Bernard Kouchner
Rêvait toutes les nuits des Affaires étrangères.
Ses idées socialistes sont dans le coma,
Il a abandonné son cher dalaï-lama.

Non, notre président n'a pas manqué d'astuce
Autour de lui c'est la bande de consensus ;
Et pour que l'UMP trouve des adhérents,
On nomme un nouveau chef: l'indicateur Bertrand.
Espérons que la France ira mieux cette année,
Que des patrons sérieux renieront leurs aînés
En décidant de ne plus jamais accepter
Un départ lamentable avec indemnités.
De Patricia Russo à Jean-Marie Messier
À Forgeard, à Bernard, que de gens remerciés
D'avoir mis en danger leur très chère entreprise
Avec des stock-options ; ça aussi c'est la crise !
Espérons que tout ça va vraiment s'arranger,
Que l'on va accueillir ce qu'il faut d'étrangers ;
À propos, l'Amérique a élu Obama,
Il a fort bien gagné, même en Alabama.
Contrairement à Bush, truqueur si nécessaire,
Il a eu plus de voix que son vieil adversaire.
Chez nous, pour recoller du PS les débris
Les militants ont dû choisir Martine Aubry,
Bertrand Delanoë est triste et c'est normal,
Il lui faut digérer la dégelée Royal !
Un mot sur Dieudonné : cet ancien humoriste
Qui s'acoquine au vieux connard révisionniste.
« Je joue au con », dit-il en représentation
Et ça n'est pas un rôle de composition.
On attend Lance Armstrong en juin au Tour de France
Il a gagné sept fois ignorant la souffrance ;
Moi j'aime mieux l'Armstrong qui marche sur la Lune
Que celui qui se fait cent fois piquer la lune.
De tout cela je crois que l'on va reparler,
J'espère qu'on n'a pas fini de rigoler.

Service minimum
Sévice maximum

17 janvier 2009

Chaque semaine, je rédige ces lignes dans le but de voir se dessiner sur vos visages un petit sourire signifiant : « Un rayon de soleil qui perce les nuages c'est déjà ça. » Mon problème permanent consiste à trouver un ou deux sujets d'actualité qui ne mêlent pas l'horreur au désespoir. Vous en conviendrez, il faut du temps. Quand j'entends que l'État hébreu bombarde des hôpitaux, je ne peux pas croire que les instructions viennent de Moïse. Quand j'apprends que le pilote qui a réussi à poser son Airbus sur la rivière Hudson, à 300 mètres des immeubles de New York, est âgé de soixante-sept ans, je me réjouis qu'il ne soit pas employé à la SNCF, sinon il serait à la retraite depuis dix-sept ans. Quand je constate que le dénommé Éric Besson se réjouit de récupérer le ministère de l'Immigration et de l'Identité nationale, alors qu'avec ses anciens amis socialistes il disait – il y a à peine deux ans – sa honte devant l'amalgame de l'intitulé de ce ministère, je comprends que son ancien chef, François Hollande, ait déclaré dimanche dernier : « C'est un traître heureux, laissons-le à son bonheur ! » Quand je m'aperçois que la grève et la fermeture de la gare Saint-Lazare ont engendré de graves problèmes pour des centaines de milliers de familles sous prétexte d'une agression heureusement sans gravité, alors que la vraie raison se trouve au sein de la rivalité lamentable qui oppose la CGT à Sud-Rail, je me dis qu'au lieu de se détester en pensant à leurs petites élections de mars prochain, ils feraient mieux de louer des tentes à Kadhafi et les planter le long des rails, ça changerait un peu du canal Saint-Martin. Dieu merci, il y a des Français heureux : la ministre Rachida Dati dont la petite Zohra a retrouvé la liberté. Elle n'a plus qu'à identifier le père. En attendant, elle admire son ministre de tutelle Sarkozy qui a décidé seul de condamner les juges d'instruction. Kouchner continue d'admirer béatement son ministre de tutelle Sarkozy qui a décidé seul de faire une tournée au Proche-Orient. Et puis Fillon, imperturbable, qui persiste à regarder se démener le vrai patron du gouvernement, Sarkozy, chef d'orchestre déchaîné qui agite sa baguette dans tous les sens en courant comme un dératé, un coup à gauche pour emprunter un violon, un coup à droite pour gratter les cordes d'un violoncelle, un coup au centre pour rappeler tout le monde à l'ordre d'un grand coup de timbale en trouvant le temps de souffler dans les flûtes, trompettes, hautbois et saxophones tenus par des ministres musiciens effarés d'être payés non pas pour agir, mais pour regarder, supporter, admirer et approuver. Il faut dire que le chef est seul à connaître la partition : c'est normal, il l'a écrite lui-même et la modifie tous les jours. Tous ces gens pourraient démissionner, direz-vous, mais les places sont bonnes. Comme l'a écrit Thomas Fuller : « Beaucoup seraient lâches s'ils en avaient le courage. »

Bonus patronus scandalus !

24 janvier 2009

Quand on travaille au service de l'information, on doit avoir le souci de tout dire même si ça peut déplaire. Le résultat c'est que l'on ne rigole pas beaucoup en regardant la télé ou en lisant les journaux. Je parlais la semaine dernière du petit rayon de soleil qui, souvent, parvient à percer au milieu des nuages, rappelant que si le verre est à moitié vide c'est qu'il est à moitié plein. Aussi est-il agréable de pouvoir de temps en temps rendre hommage, dans ce monde de brutes, à quelques citoyens français dont la récente initiative va nous conduire à nous demander si nous sommes dignes de dénouer les lacets de leurs sandales. Des personnes courageuses il y en a, certes, un peu partout : au Proche-Orient où des gamins risquent leur vie face à des soldats qui ont reçu l'ordre d'en faire autant, en Afrique noire où des médecins qui ont tout quitté consacrent leur existence à tenter d'améliorer celle de leurs malades. Bref, les exemples ne manquent pas. Et puis de temps en temps, les circonstances d'une belle action autorisent que l'on mette des noms sur leurs auteurs. Sans attendre, je saute sur l'occasion pour inviter les millions de Français qui travaillent pour un salaire mensuel moyen de 1 300 euros à bien vouloir s'incliner devant l'acte de courage commis par MM. Bouton, Oudéa, Pauget, Pébereau et Prot, respectivement patrons de la Société générale, du Crédit agricole et de la BNP. Ils viennent, figurez-vous, de renoncer à leurs bonus pour se contenter de leur salaire. C'est pas beau ça ? Vous imaginez-vous, chers smicards, contraints par ordre présidentiel de renoncer à votre prime de fin d'année ou votre treizième mois ? Là, je ferais confiance à la CGT et à la CFDT pour vous inviter à battre le pavé entre la place de la République et la place de la Nation dans les plus brefs délais. Je vous entends déjà crier : « Patron, salaud, le peuple aura ta peau ! » Eh bien, mesdames et messieurs, c'est terminé : désormais l'exemple vient d'en haut. Au lieu de vous geler les orteils boulevard Beaumarchais, vous allez pouvoir rester au chaud le samedi, et grâce à votre calculette, avoir une idée du sacrifice consenti par les patrons de vos banques. Sachez que ces pauvres bienfaiteurs de l'humanité vont devoir dès cette année vivre avec leur seul salaire, soit en moyenne 500 000 à 1 million d'euros sur douze mois, c'est-à-dire moins de 100 000 euros par mois pour les plus anciens et à peine 50 000 euros pour les jeunes plein d'avenir. Mais qu'est-ce qui leur a pris, vous demandez-vous, de renoncer à leurs avantages au point de réduire leur train de vie au strict minimum ? Eh bien, je crois qu'ils ont retenu ce passage du discours d'investiture de Barack Obama où le nouveau président des États-Unis déclare : « Une nation ne peut prospérer longtemps si elle ne favorise que les nantis. » Voilà pourquoi les patrons des banques renoncent à leurs bonus : ils veulent faire prospérer la France et savent que pour cela il faut augmenter le pouvoir d'achat des Français. Je leur soumets une idée : qu'ils proposent aux salariés moyens de se partager les bonus présidentiels. Les négociations seront gratinées, mais ils savent bien au fond d'eux-mêmes qu'ils ont le pouvoir de dire eux aussi : « Yes we can. »

Marche ou grève

31 janvier 2009

Quand on en arrive à la grève, c'est qu'on n'a plus d'autre moyen de se faire entendre par les gouvernants. On peut être pour ou contre, mais dans les deux cas ça n'est pas très compliqué. Aussi suis-je très étonné de lire dans *France-Soir* jeudi matin que Mme Parisot, la patronne des patrons, « ne comprend pas l'esprit de la manifestation ». Son interrogation était publiée en page 3. Heureusement, elle a pu remarquer en se relisant que, page 2, mon ami Carreyrou lui expliquait que si l'on manifeste, c'est parce qu'on est « inquiet et angoissé pour l'avenir ». Sans doute la présidente du Medef n'est-elle pas inquiète pour son avenir, ce qui justifie son absence, avant-hier, aux côtés des syndicats sur le macadam parisien. Ce qui m'inquiète bien plus que l'incompréhension de Mme Parisot, c'est la déclaration présidentielle de l'été dernier ; évoquant les bienfaits du service minimum, Sarko s'est écrié : « Aujourd'hui, quand il y a une grève en France personne ne s'en aperçoit ! » Je crois qu'avant-hier, des millions de salariés ont donné tort à leur président, car il est aisé de noter que les trains qui roulent peu, les avions qui volent bas, les métros qui regardent passer les piétons, les écoles qui refusent les élèves, les professeurs qui n'enseignent pas, les médecins qui ne soignent pas ce qui n'est pas urgent, les guichets de poste encore plus fermés que d'habitude, les fonctionnaires qui ne fonctionnent pas, les juges qui ne jugent plus, les banques qui ferment pour recompter les milliards injectés par l'État, etc., que Sarko le veuille ou non, ça se voit. Avec toute l'humilité qui me caractérise, je donnerai volontiers un conseil à nos gouvernants : qu'ils cessent de faire des prévisions. Feu Alain Peyrefitte, le ministre de l'Information du général de Gaulle, qui dirigeait le journal télévisé sans sortir de son bureau, aimait répéter : « C'est difficile de faire des prévisions, surtout quand il s'agit de l'avenir », et il avait bien raison. Le député UMP Jean-François Copé, vous savez, celui dont l'amitié pour son collègue Xavier Bertrand est à peu près aussi sincère que la passion qui lie Villepin à Sarkozy, disait il y a peu : « Moi, vivant, la redevance n'augmentera pas. » Or, on sait que l'autre jour, entre leur sieste et leur goûter, les sénateurs UMP et leurs collègues du Palais-Bourbon se sont mis d'accord pour augmenter la redevance. Copé a de la chance qu'Elkabbach ne dirige plus l'information sur Europe 1 sinon le journaliste se serait fait un plaisir d'annoncer avec un peu d'avance : « Jean-François Copé est mort. » Il ne faut pas que Copé joue aux courses, il y laisserait sa montre. Heureusement pour lui, le socialiste Julien Dray serait ravi de lui en vendre une.

DEMAIN LES FONCTIONNAIRES SERONT RICHES

7 février 2009

Chaque jour que Dieu fait, je dévore les journaux de droite et de gauche dans l'espoir de trouver une bonne nouvelle, celle qui fait revenir sur les visages ravagés des victimes de la crise un petit sourire d'espoir. J'ai cru trouver ce que je cherchais en lisant un récent éditorial de *L'Express* où le penseur de service affirme que la destruction partielle de Gaza (et les 1800 victimes) a été une initiative respectable destinée à préparer la tranquillité du monde. J'étais content pour nous, mais ne suis pas certain que de nombreux Palestiniens se réjouissent de leur situation, et je me console en pensant qu'ils ne lisent pas *L'Express*. Et puis j'ai appris comme tout le monde la révocation du préfet et du directeur de la police de Saint-Lô (Manche). Le président de la République ne leur a pas pardonné d'avoir laissé des manifestants s'approcher au point de lui permettre d'entendre leurs cris et slogans hostiles à la politique du ministre de l'Éducation. Mettons-nous à la place de Sarko : il n'y a rien de plus désagréable que d'être obligé de marcher dans la rue en tournant la tête à gauche pour faire semblant de ne pas entendre les mécontents qui sont à droite. Être conspué à droite, même quand on ouvre à gauche, c'est insupportable. Heureusement, le préfet et le directeur de la police ont été virés. Tous les présidents de la Ve République ont agi ainsi en pareille circonstance. Mais là où il faut admirer et remercier Sarko, c'est quand son esprit de tolérance vient tempérer sa colère. En effet, parmi les manifestants de Saint-Lô, il y avait des enseignants, des étudiants et des lycéens. Pour qu'ils puissent manifester, il a bien fallu qu'ils soient autorisés à s'absenter, qui de sa classe, qui de sa faculté. Or, ni le recteur de l'académie, ni le proviseur du lycée, ni les directeurs d'école n'ont été mis à la porte. De nombreux gamins ont profité du laxisme de leurs parents pour encourager les manifestants. Or, aucun salarié n'a subi de contrôle fiscal. Les bus ont dû s'arrêter pour laisser passer les mécontents. Or, aucun chauffeur n'a été licencié. De nombreux magasins ont dû fermer pendant la manif, et pourtant tous ont eu le droit de reprendre leur activité. On le voit, au sommet de l'État, si l'on se sent obligé de prendre des sanctions, elles sont limitées au minimum ; c'est beau. Après tout, si on n'est pas content d'être préfet ou directeur de la police, on n'a qu'à être chauffeur de bus ou proviseur de lycée. Tenez, j'ai encore une bonne et belle nouvelle : le président des États-Unis Barack Obama a décidé de plafonner les salaires des chefs d'entreprise à 500 000 dollars par an, c'est-à-dire 384 000 euros. En apprenant la nouvelle, un patron américain s'est étranglé, a frôlé le malaise, puis s'est repris pour déclarer : « 500 000 dollars par an, ce n'est plus un salaire de patron, c'est un salaire de fonctionnaire. » Quand je vous dis que demain les fonctionnaires seront riches !

En France, le bonheur est total

14 février 2009

Il faut se mettre à la place du bienheureux Christophe de Margerie, le patron de Total. Jeudi soir en regardant le journal télévisé, on a compris pourquoi il présentait aux caméras ses moustaches, sa particule et sa joie : il annonçait 13,9 milliards de bénéfices en 2008 ! C'est l'automobiliste qui a du mal à suivre : le prix du sans-plomb est descendu de 1,45 euro à 1,25 euro entre juillet et décembre 2008 parce que le prix du baril de pétrole pour la même période est passé de 150 à 35 dollars. En gros, le prix de l'essence a baissé de 12 % et celui du pétrole de 80 %. Dans le même journal, j'entendais un directeur de grandes surfaces expliquer qu'il fallait six mois pour répercuter la baisse des matières premières, c'est-à-dire le temps nécessaire pour changer les étiquettes. En revanche, tout le monde a remarqué que si le prix du baril de brut augmente le lundi, la hausse du prix du carburant est affichée dès le mardi. Moralité (si j'ose dire), les grandes surfaces devraient s'offrir des pompes à essence pour afficher leurs prix. Malheureusement, ces machines sont très particulières : ça ne marche que dans un sens. En effet, chacun a constaté qu'à partir du moment où le pétrole baisse, il faut plusieurs mois pour que la diminution des prix apparaisse à la pompe. On voit bien que ce qui monte très vite redescend très lentement. Ainsi la loi des vases communicants est remise en cause, pour le bonheur des uns et le malheur des autres. Dieu merci, il y a toujours de bonnes nouvelles : l'acteur principal du Vatican, Mgr Ratzinger, qui a pris le pseudonyme de Benoît XVI pour faire oublier le membre des jeunesses hitlériennes qu'il fut quand il avait seize ans, vient de faire plaisir aux catholiques traditionalistes en les réinstallant bien au chaud dans le giron de l'Église où, il faut le dire, les effectifs sont plutôt réduits. Même Mgr Williamson, cette espèce d'évêque qui s'entête à croire que les camps de concentration étaient des clubs de vacances, vient d'être accueilli par le pape qui ne sait plus quoi en faire. Si on réintègre les intégristes, ils ne sont pas près de se désintégrer. On en arrive à se demander où est le bien et où est le mal.

C'est en tout cas une question que ne se pose pas le ministre de l'Immigration Éric Besson : il a décidé de donner un titre de séjour aux sans-papiers qui voudront bien livrer les noms de leurs passeurs. Quand j'étais au lycée, on mettait les cafteurs en quarantaine. Aujourd'hui on les récompense. Les temps ont bien changé. Et puis Besson ne se sent pas seul : le porte-parole de l'Élysée Frédéric Lefebvre a déclaré : « La dénonciation est un devoir républicain. » Heureusement, ça ne marchera pas. Les sans-papiers interviewés ont indiqué qu'ils étaient menacés de mort par les passeurs : aussi ont-ils dit… qu'ils ne diraient rien. Le ministre Éric Besson a de la chance d'avoir pu attendre 2007 pour tourner le dos au PS et offrir ainsi ses talents à Sarkozy. Il doit savoir que pendant la Seconde Guerre mondiale on dénonçait les traîtres.

La case de l'oncle Dom-Tom

21 février 2009

Qu'il s'agisse des acteurs de la manif du 29 janvier, du couple étudiants-chercheurs, qui s'unissent pour le meilleur en priant pour éviter le pire, ou encore des Antillais de Guadeloupe et de Martinique, Sarko a du mal à s'y retrouver. Je l'imagine dans les vestiaires de l'Élysée ôtant sa veste de président pour celle de ministre des Universités, tout en passant une chemise de ministre du Travail après avoir enfilé des chaussures de responsable des Affaires étrangères. C'est terrible quand il faut tout faire. Sarko le sait bien lui qui déclarait en septembre dernier : « Quand on est entouré par des nuls il faut tout faire soi-même. » Je trouve, si je puis me permettre, ce jugement aussi hâtif que discutable. Regardez Yves Jégo, par exemple, le secrétaire d'État à l'Outre-mer : il a l'air bien brave ce type avec son sourire de modeste premier de la classe. Je me suis amusé à parier qu'en arrivant aux Antilles il réglerait les problèmes sociaux qui ont envoyé Guadeloupéens et Martiniquais dans la rue. Je me plaisais à penser qu'il serait le premier membre du gouvernement à ramener le calme quelque part sans que Sarkozy s'en mêle. Eh bien, j'ai perdu : Jégo est revenu bredouille au bout de quelques jours et s'est fait enguirlander par Fillon (ce qui ne doit pas être de la rigolade), avant d'être remplacé par deux négociateurs qui ont échoué à sa place. J'en arrive à me demander, comme le chef de l'État, à quoi servent les ministres. Quand ça va mal dans une région, on envoie le ministre concerné (en un mot, car comme disait Pierre Dac, un concerné n'est pas automatiquement un imbécile en état de siège), le ministre tâte le terrain avant de laisser la place à des négociateurs qui, à leur tour, voient leur succéder des diplomates à qui il suffirait de demander de créer une commission de réflexion pour en arriver à la solution extrême : la cellule psychologique. Autrement dit, exit les ministres. Je note que le brave Jégo s'interrogeait dans le même esprit avant-hier sur la chaîne France 24 lorsqu'il déclarait : « Est-ce qu'il faut garder un secrétaire d'État à l'Outre-mer ? » C'est beau de la part du secrétaire d'État à l'Outre-mer d'employer cette jolie formule qui signifie : « Est-ce que je sers à quelque chose ? » Cette humilité renversante lui a sans doute été inspirée par la direction du pétrolier Total qui a demandé sa tête à Sarko parce que le pauvre bougre dénonçait le prix de l'essence anormalement élevé aux Antilles. Il faut comprendre les patrons de Total : ils n'ont pas réussi à atteindre les 14 milliards d'euros de bénéfices en 2008 (13,9 milliards seulement), il est donc légitime qu'ils comptent sur la mansuétude des 35 000 RMistes guadeloupéens pour gagner un peu plus. De tout cela, je déduis que l'oncle Sarko a intérêt à sortir de sa case pour aller voir les Antillais qui attendent des jours meilleurs, et les rassurer. Lui seul peut réussir. On le sait bien : personne d'autre que l'oncle ne peut calmer l'attente.

PÉROL D'HONNEUR

28 février 2009

Le président de la République gouverne plus vite que son ombre. Après avoir obtenu du P-DG de France Télévisions qu'il supprime la publicité dès 20 heures avant même que la loi ait été votée, le voici qui installe à la tête de la nouvelle banque française (née du mariage de raison, et non pas d'amour, de la Banque Populaire et de la Caisse d'Épargne) son ami le secrétaire général adjoint de l'Élysée, François Pérol. Ce brave homme a l'air bien comme il faut, c'est-à-dire à peu près aussi exubérant que Fillon quand il visite le Salon de l'agriculture. On a vu à la télé et dans le regard du Premier ministre l'angoisse mêlée d'horreur qui noircissait son regard à l'idée qu'un gramme de bouse de vache envisage de stationner sur sa chaussure. Bref, M. Pérol fait bonne impression et seul un mauvais esprit oserait insinuer qu'il n'a pas une tête de banquier. L'ennui dans cette affaire est que malgré l'urgence permanente dans laquelle Sarkozy s'est installé, il reste quelques lois qu'on ne peut pas encore piétiner sans retenue. Pour officialiser la nomination de M. Pérol, il faut l'agrément de la commission de la déontologie. Fidèle à lui-même, Sarko a annoncé que cette commission avait donné son accord alors même que ses membres n'avaient toujours pas été convoqués. Ça me rappelle le journaliste Elkabbach qui annonçait la mort de Pascal Sevran dix jours avant que l'animateur ne rende son dernier soupir. Au cinéma, on aime l'anticipation, mais on peut s'interroger quand il s'agit de l'anticipation présidentielle. Au train où vont les événements quand ils trouvent leur source dans la tête du président, il faut s'attendre à tout. Aussi suis-je étonné que Sarkozy n'ait pas annoncé l'augmentation de salaire de 200 euros pour les Guadeloupéens les plus démunis trois semaines avant que les négociations n'aboutissent au même résultat. Voilà qui aurait eu le mérite d'éviter la pagaille et la violence qui ont détérioré Pointe-à-Pitre pendant plus d'un mois. Mais comptons sur le chef de l'État pour reprendre sa politique d'anticipation. Pérol est nommé avant même d'avoir été désigné (à moins que ce ne soit le contraire). Gageons que Sarkozy va annoncer dans le mouvement que le chômage baisse alors qu'il ne cesse de grimper, ça devrait remonter le moral des ménages. Je suggère au président de décréter, pendant qu'il y est, sa réélection pour son deuxième quinquennat, tout en maintenant par honnêteté le vote prévu en 2012. En tout cas, le président peut déjà dire qu'il a réussi sa vie, selon le désormais fameux précepte du publicitaire Jacques Séguéla : « Si on n'a pas une Rolex à cinquante ans on a raté sa vie. » En entendant cela, j'ai pensé aux millions de salariés qui ont raté leur existence, et je me suis demandé si le bonhomme était con, salaud ou comique. Et puis je l'ai encore écouté, et j'ai compris qu'il était sincère.

Miss Chôm'du

7 mars 2009

Même si l'on se retient de faire du mauvais esprit, de pécher par excès de pessimisme ou de privilégier le verre à moitié vide par rapport au verre à moitié plein, on est obligés aujourd'hui d'admettre que, dans bien des domaines, l'homme s'exprime cul par-dessus tête. Le métier d'artiste que j'ai le bonheur d'exercer depuis plus de trente ans m'a permis, entre autres choses, de faire connaissance avec des personnages parfois intéressants et capables de se montrer sincères en amitié. C'est le cas par exemple du chanteur Gilbert Montagné qui pallie les effets de sa cécité par une joie de vivre et un talent que personne n'aurait la mauvaise grâce de contester. Cela dit, je me demande ce qui a bien pu passer par la tête de je ne sais quel dirigeant de l'UMP pour lui confier un poste de conseiller. J'ai du mal à imaginer notre pauvre chanteur s'arracher les cheveux pour donner un conseil à Patrick Devedjian, le patron du parti présidentiel, et je souffre déjà pour ce dernier se faisant engueuler par Sarkozy et se défendant piteusement en disant : « Ce n'est pas ma faute, c'est Gilbert Montagné ! » Encore heureux que ça ne soit pas Guy Montagné, grand spécialiste du dessous de la ceinture. Il serait capable de piquer la place de Bigard et d'exiger un entretien avec le pape. Revenons à la formule « cul par-dessus tête » qui, je l'écrivais plus haut, semble coller à la peau d'un nombre important de personnages plus ou moins conscients, donc plus ou moins responsables de leurs initiatives. Dans la série « La connerie n'a pas de frontière », j'apprends avec consternation qu'un groupe de citoyens belges vient d'organiser une élection comme on pouvait espérer n'en voir jamais : celle de « Miss SDF ». Je m'interroge sur les critères de sélection qui ont conduit les organisateurs à choisir parmi les centaines de pauvres femmes belges contraintes de coucher dehors celle qui, à leurs yeux, est la meilleure SDF de Belgique. De quoi ont-ils bien pu tenir compte ? Le poids, le langage ou l'odeur ? Ont-ils au moins prévu de loger la gagnante ? Ce serait alors une histoire belge qui, sans faire rire, ne finirait pas trop mal. Ce que l'on peut craindre c'est qu'une initiative aussi affligeante donne des idées à d'autres hurluberlus. Au point où l'on en est, pourquoi ne pas organiser l'élection de « Miss Chôm'du », la reine du chômage. Je suis étonné que notre grand comique Bigard n'ait pas soufflé cette belle idée à notre ami Sarko. Après le « lâcher de salopes » qui a fait sa gloire, pourquoi ne pas rassembler place de la Concorde quelques milliers de femmes sans emploi et réaliser un « lâcher de chômeuses » ? L'ennui, c'est qu'au train où vont les suppressions de postes, il va y avoir de plus en plus de candidates. Comme il ne sera pas possible de les départager, on devra couronner des milliers d'ex aequo. Allons, rêvons un peu, et parions que bientôt on va élire « Miss bracelet électronique ». Il faut faire vite si Mme Dati veut gagner, car dans trois mois elle est virée de la Justice.

L'HUMOUR A UN PRIX

14 mars 2009

Comment résister à l'envie de vous dire la joie qui fut la mienne de retrouver l'autre mardi à la table du Press Club de France mes confrères du jury du prix humour et politique. Pour la dernière fois de la saison, nous avons échangé nos informations, apprécié l'esprit plus ou moins volontaire de nos élus et débattu pour savoir qui allions-nous couronner cette année. Comme d'habitude nous avons eu le choix, même si le député UMP François Goulard a déclaré : « Avec un seul candidat, le choix est quand même plus restreint. » Nous avons beaucoup aimé cette autocritique de l'ancien ministre de la Justice Pascal Clément : « Je suis peut-être nul, mais le ministre c'est moi. » Nous avons attaché beaucoup d'importance à cette révélation de François Bayrou : « J'ai été longtemps un jeune conformiste et sans doute formiste était-il de trop. »

Le nouveau secrétaire général de l'UMP, Patrick Devedjian, qui se console comme il peut de n'être pas ministre, a dit : « Je suis pour un gouvernement d'ouverture, jusqu'aux sarkozystes, c'est vous dire. » Le ministre de la Défense Hervé Morin (l'homme qui a remarqué que Sarkozy ça rapporte plus que Bayrou) a rencontré Mme Claire

Gibault, chef d'orchestre, et lui a dit : « J'ai écouté l'Adagio d'Albinoni, c'est magnifique ! De qui est-ce ? » La dame n'a pu faire autrement que répondre : « Cher monsieur, c'est exactement comme la couleur du cheval blanc d'Henri IV. » Au cours de nos débats je me suis demandé si nous n'allions pas consoler Jean-Pierre Chevènement qui n'a plus aucun mandat car il a dit : « Hollande propose des assises de la gauche. Pourquoi des assises ? La correctionnelle suffirait. » Mais Jean Miot, président du jury, a découvert qu'en 1994 on avait déjà récompensé Chevènement pour la même phrase. Je mettrai son trou de mémoire sur le compte d'un long séjour à l'hôpital du Val-de-Grâce, mais tant pis pour la récompense.

Sans faire de pronostic, je salue pour finir cette phrase merveilleuse du socialiste Cambadélis, car elle me paraît pouvoir servir de titre à toute l'histoire de la politique française : « Pour trahir ouvertement il faut du caractère. »

Benoît sous pape

21 mars 2009

Je dois à l'honnêteté de dire que certains événements me poussent à prendre un taxi : les commentaires du chauffeur reflètent en effet très souvent l'opinion la plus répandue, qu'elle s'exprime dans la rue ou dans les bistrots sous la forme fameuse des brèves de comptoir. Avant-hier matin, je m'installe dans une voiture dont le pilote lit *France-Soir*. Le temps de lui dire les raisons qui me font aimer « mon journal », il se lance dans un discours aussi sincère qu'offusqué : « Le pape, monsieur, en principe, le sexe il n'y connaît rien. Et quand il s'avise d'en parler c'est pour dire des conneries. Moi je ne vais pas à la messe, je m'en fous. Mais je me mets à la place des catholiques et je vois dans votre canard qu'ils sont écœurés par les divagations de leur patron. Vous rappelez qu'il y a au moins trente millions de gens qui ont le sida, et parmi eux vingt-deux millions sont en Afrique. Alors moi je lui demande au pape : combien y en aurait-il s'ils n'utilisaient pas les capotes anglaises ? Ils ont quand même bien le droit de se donner des plaisirs de temps en temps sans risquer la mort ! Et puis je vais vous dire, les curés, ils sont bien mal placés pour donner des leçons de morale sur le sujet : vous avez vu combien de millions de dollars le Vatican a dû verser à des familles américaines pour les dédommager des horreurs que des ecclésiastiques ont fait subir à des milliers d'enfants ? Si on demandait au Vatican de donner de l'argent aux familles africaines qui ont perdu des parents et ont refusé d'utiliser des préservatifs, histoire d'obéir à l'Église ? Il resterait sûrement moins de dollars dans les caisses, c'est moi qui vous le dis. Vous savez, ça fait longtemps que ça ne m'était pas arrivé, mais j'ai trouvé Juppé chaleureux et sympathique quand il a dit que le pape pose un problème et qu'il paraît complètement sourd à la réalité. Moi je veux bien leur trouver des excuses à ces gens-là : c'est vrai qu'en les obligeant à passer leur vie en robe longue et en plus à observer l'abstinence, il y a de quoi vous tourner les sens. Et puis j'en reviens à tout à l'heure : quand on ne connaît rien au sexe, on n'en parle pas. Il y en a une qui m'a scotché c'est la ministre Boutin ; elle a dit je crois : "C'est pas drôle de mettre un préservatif quand on fait l'amour." Alors moi je lui réponds : "Personne ne vous demande de rigoler, et puis personne ne vous demande de faire l'amour, en tout cas pas moi !" Non mais sans blague ! C'est facile de bavarder (vous me direz c'est ce que je fais) mais quand même, on est en plein Sidaction : vous croyez que le pape a appelé le 110 pour faire une promesse de dons ? Entre nous ça se saurait. Alors qu'il s'occupe de prier pour que Sarkozy oblige les boîtes qui ont du fric à créer des emplois. Si ça marche, je lui dirai bravo. Et puis dites donc, quand on prêche il faut donner l'exemple : qu'est-ce qu'il attend le pape pour rouler en voiture décapotable ? »

Pauvres patrons qui grâce à nous vivez

28 mars 2009

D'abord il faut respecter ceux qui se sont donné de la peine, ont travaillé d'arrache-pied, fait les grandes écoles et réussi à diriger des entreprises. Ça ne s'obtient pas comme ça, tout le monde le sait. Il faut aussi respecter ceux qui, sous les ordres du patron, ont fait ce qu'ils ont pu pour occuper les places, souvent modestes, qui font qu'on les appelle ouvriers, employés, etc. Ceux-là, comme l'immense majorité de la population active, reçoivent chaque mois un salaire qui correspond à peu près à leur travail et à leur talent. Là où ça se complique, c'est quand un patron gagne trois cents fois le smic, car il est difficile de dire qu'il y a en France des gens dont les efforts et les capacités représentent trois cents fois ceux des autres. Comme beaucoup de contribuables, j'ai eu de la peine pour M. Thierry Morin, le P-DG de Valeo, qui a dû quitter l'entreprise qu'il dirigeait pour « divergences de stratégies » avec son conseil d'administration. Son entreprise est en très grande difficulté : elle annonce mille six cents suppressions d'emplois car elle a perdu 207 millions d'euros l'année dernière. Ce chiffre officiel est inexact, car Valeo aura perdu très exactement 210,2 millions d'euros puisque M. Morin va toucher 3,2 millions de bonus qu'il faudra bien prendre dans les caisses de la société. Ce que personne ne nous a encore expliqué c'est pourquoi on donne un bonus à un type dont l'entreprise a perdu de l'argent. Nous, quand on a des accidents matériels en voiture, l'assurance n'oublie jamais de nous donner un malus. Bref, quand on commet une faute on la paye. Eh bien, il y a une exception qui ne concerne que le chef d'entreprise : il commet une faute, on le paye ! Il paraît que M. Thierry Morin a quand même des états d'âme. L'autre soir, son petit-fils Ernest Antoine, âgé de dix ans, lui a dit : « Papy, quand tu reçois ton salaire à la fin du mois c'est parce que tu as travaillé ; mais le bonus c'est quoi ? » Papy Morin a répondu : « C'est parce que je vais quitter la société. Je n'aurai plus de salaire. – D'accord, dit le gamin, mais comme tu gagnais 1,6 million d'euros par an, tu as pu en mettre de côté. On est tranquilles. À l'école j'ai un copain qui m'a dit que grâce à toi, on avait de quoi vivre jusqu'à la fin du siècle, alors les sous du bonus, pourquoi tu ne les rends pas ? – Parce que j'aurais l'air d'un con, a répondu papy Morin. – J'ai une idée, dit Ernest Antoine. Avec les 3 millions d'euros de ton bonus tu vas acheter 3 milliards de capotes anglaises et tu vas les offrir aux Noirs d'Afrique qui luttent contre le sida. Là, t'auras pas l'air d'un con, t'auras l'air d'un mec bien. » Lorsque M. Morin s'est réveillé de ce cauchemar, figurez-vous qu'il a décidé de suivre le conseil de son petit-fils et d'envoyer des caisses de capotes anglaises en Afrique noire rien que pour emmerder le pape.

Sarkobama
4 avril 2009

À côté des enjeux fondamentaux du sommet de Londres où les chefs d'État du monde entier essaient de nous sauver de la crise, on assiste à la petite bagarre qui oppose le petit Blanc au grand Noir, autrement dit Sarkozy à Obama. À peu près tous les magazines parus jeudi se plaisent à comparer les styles des deux présidents pour mieux nous faire imaginer cette espèce de mélange de jalousie et de complexe qu'éprouve l'un des protagonistes vis-à-vis de l'autre. (Lequel? je compte sur votre sagacité pour répondre à cette terrible devinette.) Il va bien falloir qu'ils s'entendent cependant, surtout au moment où la France s'apprête à ranger définitivement dans le placard du passé la porte claquée par de Gaulle en 1966, Sarkozy revenant s'installer dans le giron de l'Otan. C'est vrai que notre président rêvait d'être le premier Européen reçu à la Maison-Blanche. Or, les boys d'Obama sont tombés sur l'enregistrement d'une conversation téléphonique entre Bush et Sarkozy. On y entend le président américain dire à Nicolas: « Je te soutiens, va défendre la Géorgie », alors que Sarko venait de dire aux journalistes que George W. lui avait vivement déconseillé d'y aller. Conclusion de l'incident : il faut que Sarko change soit d'interprète, soit de prof d'anglais. Peu après, notre président a annoncé qu'à l'occasion du G20, Obama ferait un saut sur une plage du débarquement en Normandie et casserait la graine avec lui. Or hier, les deux présidents se sont vus très officiellement à Strasbourg où, à part ça, les Américains n'ont pas débarqué. Conclusion de l'incident : il faut jumeler Strasbourg avec Omaha Beach. Plus tard encore, Obama écrit à Chirac et lui dit sa joie de travailler avec lui « pour la paix ». Conclusion de l'incident : Sarko va devoir rappeler à Obama que Chichi est à la retraite. Le président américain va fermer Guantánamo tandis que le président français doit laisser fermer Gandrange. Sarko ne manque pas de prouver son amitié aux artistes, oubliant que Bigard écrit plus souvent avec son slip qu'avec sa plume. Obama dit son amitié à Bruce Springsteen qui chante : « Un rêve est-il un mensonge s'il ne se réalise pas ? » Notre Nicolas parle de son combat contre la crise en déclarant : « Je n'ai pas fait d'erreurs. » Obama nomme à la Santé un secrétaire d'État douteux sur le plan fiscal, le vire et déclare : « Je me suis planté », et aussi sec, il grimpe dans les sondages ! Le Français interdit à quelques P-DG de toucher des bonus, mais ce n'est pas rétroactif et ceux qui les ont empochés les gardent. L'Américain plafonne à 500 000 dollars le salaire annuel des présidents de banques aidées par l'État. Il est vrai que si l'on imposait ça aux patrons des BNP, Société générale et autre Crédit agricole, ils auraient l'impression d'être sur la paille. Conclusion des conclusions, je la trouve dans l'esprit du philosophe William James : « Il y a peu de différence entre un homme et un autre, mais c'est cette différence qui est tout. »

Des raffarinades aux berlusconneries

11 avril 2009

Peut-on rire de tout? Cette question que se posent souvent les humoristes a déjà reçu beaucoup de réponses plus ou moins contradictoires. J'aime bien celle que proposait Pierre Desproges : « On peut rire de tout mais pas avec n'importe qui. » Pour ma part, je ne crois pas possible de rire de tout sans choquer, devenir méchant et par conséquent cesser d'être drôle. Il me semble qu'en respectant la limite, certes très ténue, qui sépare la férocité de la méchanceté, on peut rire et faire rire. Tant que cette limite n'est pas franchie c'est qu'on s'interdit quelques sujets. On pratique alors une espèce d'autocensure parfaitement supportable dès l'instant où, par définition, elle n'est pas imposée par autrui. La politique, on le sait, est le sujet rêvé pour faire de l'humour, qu'il soit volontaire de la part des comiques qui observent nos élus, ou involontaire de la part des élus eux-mêmes. Quelques vedettes nous ont quittés après avoir apporté leur pierre à ce superbe édifice qu'est l'humour français. Parmi ces chers disparus, je n'en citerai qu'un : l'ancien maire de Lyon, Édouard Herriot, auteur de cette indiscutable affirmation : « La politique, c'est comme l'andouillette, il faut que ça sente la merde mais pas trop ! »

Chez les politiciens vivants, les dons sont assez bien répartis entre les amateurs de bons mots (André Santini) et les auteurs d'un humour parfaitement involontaire (Jean-Pierre Raffarin). Santini a gagné plusieurs fois le prix Press Club humour et politique. Sa première création a été à mon avis la meilleure : critiquant Pierre Arpaillange, ancien ministre socialiste de la Justice (qui n'avait pas hésité à annoncer aux députés que sur les vingt-six détenus évadés, la justice en avait repris vingt-sept), l'actuel secrétaire d'État à la Fonction publique avait dit : « Saint Louis rendait la justice sous un chêne, et Arpaillange la rend comme un gland. » Quant à la palme de l'humour involontaire, on peut l'attribuer à l'ancien Premier ministre Raffarin qui a déclaré un jour : « Les veuves vivent plus longtemps que leur conjoint. » Bref, rire de la politique et des politiciens demeure un sport national dont, Dieu merci, le nombre et la qualité des pratiquants ne régressent pas. Malheureusement, comme je le laissais supposer par le titre de cette chronique, il y a des personnages dont la médiocrité n'a d'égale que l'irresponsabilité, ce qui est un comble quand on dirige un pays. Le président du Conseil italien Berlusconi, qui est à la dignité ce que Tapie est à l'intégrité, n'a rien trouvé de mieux à dire à propos des rescapés du récent tremblement de terre qui a fait près de trois cents morts : « Ils ont tout ce qu'il leur faut et n'ont qu'à considérer ça comme un week-end de camping. » Lui qui a acheté la justice et la télévision pour s'offrir le pouvoir, et s'est fait rafistoler le visage pour ne pas faire son âge, doit avoir encore assez d'argent de côté pour se faire greffer le cerveau d'un honnête homme. Pour sauver son âme je ne vois que le pape, mais il y a un risque : ça pourrait capoter.

(Daniel) bouton de fièvre

2 mai 2009

Si je vous disais que j'ai un compte à la Société générale, quel regard porteriez-vous sur moi ? Peut-être y lirais-je de l'ironie, à moins que ce ne soit de la compassion. Et si je précise qu'il s'agit d'un compte-courant, vous ne manquerez pas de souhaiter qu'il ne coure pas trop vite afin de m'éviter le risque de ne pas le rattraper. Allons, je ne vais pas me plaindre car la différence entre le P-DG Daniel Bouton et moi, c'est qu'il a été viré de la banque alors que j'y suis toujours. M. Bouton n'aura pas eu le temps de vivre la nouvelle aventure patronale qu'on appelle aujourd'hui « séquestration », car il a dû céder « aux attaques incessantes qui devenaient insupportables et finissaient par nuire à la banque ». C'est dur. Aussi ne doit-on pas s'acharner sur le sort d'un pauvre président déchu, et quand j'écris « pauvre », je le fais à dessein. M. Bouton a eu l'honnêteté de préciser à notre confrère *Le Figaro* qui lui demandait le montant de ses indemnités de départ : « Zéro ! Je ne toucherai rien. » Sans doute le journaliste a-t-il été stupéfait de devoir imaginer M. Bouton rentrer chez lui sans un rond. C'est sans doute la raison pour laquelle il ne lui a pas posé d'autres questions sur le sujet. Il a eu tort, car en insistant un peu il aurait appris que le règlement de la Société générale prévoit « des droits au régime – non pas complémentaire – mais *sur*complémentaire de retraite des cadres de la direction de l'entreprise ». Pour faire simple, notons que notre confrère du *Figaro* n'a pas dit à ses lecteurs que M. Bouton quittait sa présidence avec une retraite à vie de 730 000 euros par an. J'ai vu la tête de Bouton l'autre soir à la télé, il avait l'air vraiment malheureux. De tout mon cœur, je souhaite que sa nouvelle existence, avec 60 000 euros par mois, lui apporte un peu de consolation. Je lui souhaite aussi de faire preuve d'imagination. Ça lui permettra de comprendre qu'un salarié de l'usine de pneus Continental, qui va perdre son emploi avant d'avoir fini de payer sa maison, quand il entend parler de stock-options, de bonus et de parachutes dorés, pour lui c'est du chinois. M. Bouton a quand même réussi à tenir des propos attendrissants en révélant que sa retraite allait lui permettre de s'occuper de ses petits-enfants. J'espère qu'il va garder la tête sur les épaules et que l'immense tristesse de perdre sa place ne va pas le conduire à leur conseiller d'ouvrir un compte au Crédit agricole. Je lui souhaite enfin de garder toute sa lucidité et ne pas se conduire comme ce président qui, croisant un SDF et l'entendant dire : « Monsieur le président, je n'ai pas mangé depuis trois jours », lui avait répondu : « Forcez-vous, mon vieux, forcez-vous ! »

Bachelot de consolation

16 mai 2009

Il est certain que je ne suis pas le seul contribuable en bonne santé et inquiet en découvrant certains articles de la loi destinée à réformer l'hôpital. Simplement parce que comme tout être bien portant je suis un malade en puissance qui peut du jour au lendemain se retrouver à l'hosto. Or, je lis que l'hôpital n'est pas assez rentable ! Je me demande comment, diantre, cela pourrait rapporter, puisque ça coûte ! On a envisagé de nommer à l'hôpital un directeur qui ne serait pas médecin ; devant le tollé, on a bien voulu lui adjoindre quelques docteurs. On dit que Mme Bachelot a reculé, je trouve que c'est plutôt une avancée. Mais là où ça se complique, c'est quand on parle d'actes médicaux plus ou moins rentables. J'en perds mon latin. Passer une IRM quand on a mal à la tête coûte naturellement plus cher que se faire déboucher le nez. Mais on ne va tout de même pas se contenter de soigner les rhumes sous prétexte que c'est moins onéreux que les maux de tête. Car, si on insiste un peu, on va arriver à estimer que certains malades sont moins rentables que d'autres. Et là, c'est toute la beauté de médecin qui s'écroule. Dans une entreprise, le patron peut toujours dire qu'un client n'est pas rentable car le but de l'entreprise est de gagner de l'argent. Il ne faudrait tout de même pas qu'on se trompe de terme en osant transformer le malade en client. Aussi faut-il comprendre les milliers de médecins qui s'écrient : « On ne doit pas faire de l'hôpital une entreprise ! Il faut un accès aux soins pour tout le monde. » Heureusement que le projet de Mme Bachelot a reçu un certain nombre d'amendements sur la tête. En attendant le vote de la loi, tout le monde doit se bagarrer pour que l'argent n'entre pas en ligne de compte : la caissière de la station Total de Bécon-les-Bruyères doit être aussi bien soignée que le patron de Total, M. de Margerie, d'autant plus que la caissière, elle, n'a pas de stock-options pour s'offrir les services d'un chirurgien trop heureux de faire du « privé » sans sortir de l'hôpital public. De même qu'il y a en principe l'égalité des chances quand on est jeune et en bonne santé, il faut l'égalité des soins quand on est moins jeune et malade. Sinon, on donnera encore raison à Fernand Raynaud qui disait : « Il vaut mieux être riche et en bonne santé que malade et sans le sou. »

M'sieur ! il m'a traité de Sarkozy !

23 mai 2009

On est dans l'outrage à outrance. On connaissait : « Casse-toi pauv'con ! », et autre « Va niquer ta mère ! », ce qui, on en conviendra, est déjà d'une élégance rare. Aussi peut-on se demander jusqu'où certains pourront aller dans l'insulte, la vulgarité et l'offense pour être efficaces, c'est-à-dire sûrs d'atteindre leur cible en la touchant là où ça fait mal. Depuis mai 1968 au moins, le plaisir de « taper sur du flic » est un sport national remarquablement répandu. Il y a eu « CRS SS » très prisé sur les pavés parisiens, il y a déjà quarante ans. Comme le chantait Brassens : « Quand il s'agit de rosser les cognes, tout le monde se réconcilie. » Aujourd'hui les mœurs sont en train de changer du tout au tout : il suffit de prononcer le nom de quelqu'un qu'on n'aime pas pour que la personne visée s'estime insultée. En l'occurrence, le type qui, un jour, à la gare Saint-Charles de Marseille, a montré du doigt des policiers un peu nerveux en s'écriant : « Sarkozy je te vois », a écopé d'une amende pour, je cite, « tapage injurieux diurne », ce qui, traduit en français courant (et non en main courante) signifie que l'auteur du délit a crié trop fort, en plein jour, et injurié les destinataires de sa déclaration. Bigre ! Si la justice nous dit que le nom propre « Sarkozy » est une injure sous prétexte que celui qui l'a prononcé n'aime pas le président de la République, la paix sociale va en prendre un sacré coup. Si ça continue comme ça, dans la rue, les écoles ou les entreprises, on va assister à des scènes tout à fait inédites. Un vendeur du Printemps n'est pas content de son traitement et va dire à son chef de service « Espèce de Pinault », du nom du célèbre P-DG. Le chef de service s'estimant insulté va virer le vendeur en s'appuyant sur un argument imparable : « Il m'a traité de Pinault. » La caissière d'une grande surface va demander à son directeur pourquoi il la met à la porte et s'entendre répondre : « Vous n'aviez pas à me traiter de Leclerc. » Au catéchisme, un adolescent convaincu des bienfaits du préservatif, donc en contradiction avec le Vatican, sera puni pour avoir dit au curé : « Va donc, hé, Benoît ! » Pendant le Tour de France, un coureur écœuré de voir un concurrent grimper le mont Ventoux à 40 kilomètres à l'heure pourra être exclu s'il ose traiter son adversaire d'« Armstrong ». Car cela laisserait supposer que le champion américain a pu utiliser un produit interdit alors que, comme chacun sait, Lance Armstrong a gagné sept fois le Tour grâce, exclusivement, aux bienfaits de l'eau plate. Bref, il va falloir désormais tourner au moins sept fois notre langue dans notre bouche avant d'exprimer une contrariété. Il serait tout de même bien malheureux d'arriver au ciel et de s'écrier : « Mon Dieu, je vous vois ! », et de se retrouver en enfer pour blasphème.

Rien dans les urnes, tout dans les partis

30 mai 2009

Qu'il s'agisse de Pompidou et Giscard dans les années 1970, Mitterrand dans les années 1980 et 1990, Chirac à la fin du XXe siècle et au début du XXIe, ou Sarkozy aujourd'hui, aucun président de la Ve République n'aura trouvé la recette pour que les Français aient envie de glisser un bulletin dans les urnes européennes. La campagne s'est ouverte officiellement lundi dernier et *France-Soir* a consacré une page entière à l'événement, ce qui est à la fois courageux et patriotique quand on sait que les européennes, hélas, à peu près tout le monde s'en fout. J'ai lu cette page, bien décidé à comparer les idées de nos politiciens qui voudraient construire une belle Europe solidaire. François Bayrou, qui ne sait plus comment cultiver sa différence, devrait, pensé-je, avoir des idées originales pour l'Europe de demain. Que dit-il ? « Si vous voulez faire plaisir à Sarkozy, votez pour Cohn-Bendit. » Comme projet européen c'est peut-être intéressant mais pas bouleversant. Et voici la réponse du responsable des Verts : « Bayrou déraille, il vit dans l'obsession présidentielle et se croit touché par la Vierge. » Ne trouvant toujours rien d'européen dans tout ça, je me tourne vers un extrême : Olivier Besancenot. Peut-être va-t-il se démarquer des autres et nous parler un peu des enjeux européens ? Or, le facteur dit ceci : « On n'est pas là pour bouffer la laine sur le dos des autres partis de gauche. » Comme programme agricole on pourrait trouver mieux. Je passe à droite et j'écoute Jean-François Copé. C'est un homme en avance sur son temps puisqu'il est déjà candidat à la présidentielle de 2012. Impatient de découvrir son projet européen, je l'entends dire : « Bayrou est un homme de droite, mais comme il a échoué, il veut faire croire aux Français qu'il est un homme de gauche. » Voilà, on en conviendra, un débat à peu près aussi passionnant que celui qui opposerait deux sénateurs sur les bienfaits de la sieste. Je repars à gauche en pensant que cette pauvre opposition éclatée va peut-être profiter des élections européennes pour redorer quelque peu son blason. Et voici que Martine Aubry s'écrit : « Ségolène commence à me gonfler à force de jouer perso », et son copain Cambadélis d'enfoncer le clou en ces termes : « Si Ségolène Royal doit demander pardon chaque fois que Sarkozy fait une boulette, elle passera sa vie à genoux. » Comme vous le voyez, mesdames et messieurs, de gauche à droite, l'Europe tout le monde s'en fout ; ce qui compte c'est la présidentielle de 2012. Je viens de vous montrer que c'est le seul intérêt des personnalités citées plus haut, elles ne pensent qu'à ça. Ah ! j'allais oublier François Hollande : il paraît qu'il fait bande à part. Ce n'est pas Ségolène qui dira le contraire.

Obama Beach

6 juin 2009

Il aura fallu attendre les dernières heures précédant les élections européennes pour que les déclarations des candidats prennent le ton d'une campagne. Malheureusement, en France, les campagnes donnent lieu, la plupart du temps, à des échanges d'insultes sous des prétextes qui n'ont rien à voir avec l'enjeu. On pourrait s'étendre sur le pitoyable débat qui a opposé jeudi soir sur France 2 mesdames et messieurs Bayrou, Cohn-Bendit, Aubry et autres Mélenchon. La pauvre Arlette Chabot, qui n'avait pas besoin d'animer l'émission, a dit la seule vérité de la soirée : « Tout cela était destiné à encourager le vote, c'est sûrement raté. » Bayrou, l'homme du centre lorgnant vers la gauche, sans parvenir à s'arracher d'une droite qu'il a beaucoup servie, a attaqué Cohn-Bendit sur quelques conneries écrites il y a trente-cinq ans à propos de la sexualité des enfants : c'est ça qui va faire avancer l'Europe.

On pourrait aussi s'arrêter sur les dernières inepties de l'ancien humoriste Dieudonné, qui a remplacé l'esprit par la provocation, pour continuer à exister. Il a commencé par choisir Le Pen comme parrain de sa fille et vient de recevoir le soutien d'un terroriste assassin. C'est dommage que Franco et Pinochet aient disparu, le pauvre bougre aurait pu obtenir l'asile politique en Espagne ou au Chili, étant entendu que pour lui, l'asile paraît plus indiqué que la politique.

On pourrait aussi, histoire de coller à l'actualité de la semaine, se demander qui, des deux Russes qualifiées pour la finale du tournoi de tennis de Roland Garros, va gagner cet après-midi : « la » numéro 1 mondiale, Safina, dont la poitrine est presque exclusivement composée d'une formidable paire de pectoraux, ou sa copine Kuznetsova, dont les cuisses devraient lui permettre de grimper le Ventoux à 40 à l'heure.

On peut encore se demander comment le champion de tennis Richard Gasquet a pu ingurgiter de la cocaïne « à l'insu de son plein gré ».

Eh bien, à côté de tout ça, je préfère m'intéresser au président américain Barack Obama, qui célèbre aujourd'hui, chez nous, le soixante-cinquième anniversaire du débarquement du côté de la plage d'Omaha Beach (écrivez comme vous voudrez). Cet homme qui se bat pour réconcilier les Israéliens et les Palestiniens, les Juifs et les Arabes, les Blancs et les Noirs, mérite bien plus d'égards, d'attention et de respect que les plus ou moins braves personnages cités plus haut.

Obama, c'est quand même autre chose que ce pauvre fils à papa qui, après avoir été élu avec moins de voix que son adversaire, et envoyé des gamins soldats se faire tuer en Irak au nom d'une politique de profit, a dit un jour au président du Brésil qui l'accueillait : « Est-ce que vous avez beaucoup de Noirs chez vous ? »

PSOS

13 juin 2009

« La raclée des anti-Sarko », « la mort du PS », « la gifle européenne ». Du *Figaro* à *France-Soir* en passant par *Le Point*, on a l'impression que le catalogue du parti socialiste fait un dernier tri en forme de revue de presse. Le comble, que dis-je, le pire, étant la chronique du fidèle Jacques Julliard qui avoue, en titre (!) dans *Le Nouvel Observateur*: « Pourquoi j'ai voté Cohn-Bendit? » Bien entendu, *Le Canard enchaîné* n'est pas en reste et résume assez bien l'actualité de la gauche en évoquant « la déprime de Martine » avant de titrer « Aubry de Verts ». En échangeant nos idées pour préparer nos chroniques respectives, mon camarade Gérard Carreyrou et moi sommes tombés d'accord pour dire que si le pauvre PS a une chance de redevenir un parti d'opposition qui se respecte, il lui faut dans les douze mois qui viennent désigner le seul et unique candidat à l'élection présidentielle de 2012, derrière qui tout l'appareil, sans exception (féminine et masculine), sera vraiment rassemblé. En attendant, on peut comprendre que Sarkozy, qui n'apprécie pas l'alcool, boive deux fois plus de petit-lait que d'habitude. On sait déjà qu'il sera le candidat de la droite et peut compter sur l'UMP au garde-à-vous et sur le nouveau centre le doigt sur la couture du pantalon. Il est à prévoir que Bayrou se présentera, puisqu'il y pense en se rasant, en se levant, en déjeunant, en conduisant, en dînant, en se couchant et en dormant. Il est aussi à peu près certain que son score fait, lui aussi, déjà sourire Sarko. Alors on se tourne vers l'opposition et là on est à la manœuvre. Comme disait de Gaulle : « C'est le trop-plein ! » Rien qu'à l'intérieur de ce qui reste du PS, je me demande comment un candidat unique pourra bien être désigné, quand on sait que le jour où Martine Aubry se jettera à l'eau, soutenue par le secrétariat fédéral, Ségolène Royal la rejoindra aussi sec avec le soutien du bureau de section. Deux jours plus tard, Pierre Moscovici, encouragé par le conseil fédéral, dira : « Pourquoi pas moi ? » Alors le congrès fédéral se réunira pour appuyer la candidature de Vincent Peillon au moment même où Benoît Hamon, se réclamant de l'appui du secrétariat de section, se lancera à son tour dans la bataille, et on n'attendra pas longtemps pour que le bureau national envoie Delanoë au casse-pipe. Si d'aventure, Strauss-Kahn ne revient pas en France pour les mettre tous d'accord, Sarko n'est pas près de déménager. Pour ma part, j'encouragerais bien la candidature de la secrétaire nationale du PS, Najat Belkacem, qui a tout compris. En effet, elle a dit : « Il ne faut pas que le parti socialiste se laisse électrocuter par ses courants. »

Le petit Roi-Soleil

20 juin 2009

Peut-être que le châtelain de Chanonat, Giscard d'Estaing de Chamalières, en rêvait, mais c'est Sarkozy qui l'a fait: pour la première fois dans l'histoire de la Ve République, le président va s'exprimer devant le Parlement, c'est-à-dire les députés et sénateurs réunis, au château de Versailles. Il aura fallu, pour s'offrir le droit et le plaisir de venir devant la représentation nationale tout en restant au-dessus de la mêlée, modifier la Constitution. De Gaulle avait du mépris pour les députés et s'est fait virer en voulant anéantir le Sénat, donc pas question pour lui de s'adresser directement au Parlement. Pompidou s'en tamponnait le coquillard. Giscard craignait qu'en allant à Versailles, on lui reproche de se prendre pour le roi (mais qui diantre aurait pu se laisser effleurer par une idée aussi saugrenue quand on connaît la modestie et la simplicité du personnage). Mitterrand se contentait de se faire appeler « Dieu ». Quant à Chirac, il répétait à l'envi sa pensée la plus profonde et la plus célèbre: « Ça m'en touche une sans faire bouger l'autre. » Et puis vint Sarkozy. Étant le plus petit de tous les présidents de la Ve République, il est aisément compréhensible qu'il ait voulu prendre de la hauteur et, comme disait de Gaulle, « se maintenir au-dessus des partis ». La seule solution était de réunir le Parlement à Versailles, sans lui – Constitution oblige –, et lui demander de bien vouloir modifier ladite Constitution. L'Assemblée et le Sénat étant majoritairement présidentiels, l'affaire était dans le sac. Désormais, quand il le voudra, le petit Roi-Soleil ira du château (le palais de l'Élysée) au château de Versailles, devenu pour la circonstance une sorte de résidence secondaire de l'exécutif et du législatif, pour dire aux députés et aux sénateurs sa manière de penser, avant de retourner au château sans discussion possible, étant donné que le débat ne peut avoir lieu en sa présence. Le pouvoir c'est formidable, ça doit faire l'effet de la cocaïne : on veut, on prend, on possède, puis on garde ou on jette. Et si certains ne sont pas d'accord on s'en fout. On peut comprendre que d'aucuns soient contrariés : le reliquat du parti communiste n'ira pas à Versailles, les Verts non plus. Quant aux socialistes, ils entendront mais n'écouteront pas. Ce serait rigolo qu'un membre de la majorité présidentielle trouve tout cela exagéré et pas très démocratique ; il y en aura sûrement un, mais osera-t-il le dire ? On peut rêver. C'est d'ailleurs l'un des sujets du bac philo : « Est-il absurde de désirer l'impossible ? »

G8 : Berlusconi coulé !

11 juillet 2009

C'est donc en Italie, dans des ruines, celles de L'Aquila en partie détruite par un tremblement de terre en avril dernier, que s'est tenu pendant deux jours le sommet du G8. Il s'agissait d'une rencontre entre les chefs d'État des huit pays les plus riches de la planète. Parmi les quelques décisions prises figure la réduction de 50 % des émissions mondiales de CO_2. C'est bien, mais ce serait quand même plus honorable si ces messieurs dames ne s'étaient pas contentés de fixer la date de cette réduction à 2050. C'est malheureux pour les enfants d'aujourd'hui, mais il faut comprendre les grands dirigeants : en 2050, si par hasard ils ne sont pas morts, ils seront, selon toute vraisemblance, dans un état de délabrement suffisamment avancé pour se moquer complètement des émissions de CO_2. Il faut dire aussi que pour la première fois depuis je ne sais combien de temps, une réunion de chefs d'État était présidée par un bouffon. C'est notre confrère *L'Express* qui, en couverture, traite ainsi la gravure de mode Berlusconi, photographié souriant de tout son étincelant dentier, les greffons bien plantés sur le sommet du crâne. Si la réunion s'était tenue en Angleterre, on aurait dit qu'elle était présidée par un

Premier ministre rejeté par l'opinion; en Allemagne, on aurait parlé d'une chancelière qui ne pense qu'aux élections de novembre; en Espagne, on aurait rappelé (cela a été dit chez nous) que le Premier ministre n'est pas très intelligent mais qu'il a été réélu deux fois; et en France il y aurait bien eu un socialiste plein d'humour (il paraît que ça existe) pour faire remarquer qu'il n'y a rien de plus original que de voir un sommet présidé par un petit président. Mais, étant donné qu'on était en Italie, il fallait bien parler de bouffon; il en sera ainsi tant que le pays sera dirigé par un homme d'affaires ayant gagné tellement d'argent qu'il a pu s'acheter voitures, maisons, télévisions et magistrats. Invité à parler de lui (comme toutes les semaines, sur toutes les chaînes dirigées par ses « propres » employés) le président du conseil a dit: « Les Italiens veulent de moi parce que je suis bon, généreux, sincère et loyal. » J'oserai avouer qu'il a dit la vérité: il se moque royalement des gens, mais il est bon avec ses enfants. Quand il invite des bonnes femmes à faire du bronzage intégral, elles sont nourries et parfois même logées. Il est sincère: quand il parle des victimes du tremblement de terre, dont les familles sont sans abri, et déclare: « Il faut prendre ça comme un week-end à la campagne », il le pense. Et il est loyal, car le jour où il détourne la loi il ne s'en cache pas. Il a oublié, me semble-t-il, de dire qu'il était honnête. C'est sûrement involontaire. Berlusconi a dit aussi qu'il n'avait jamais payé pour faire l'amour. Je le crois volontiers car je suis certain qu'il trouvera toujours une péripatéticienne (je suis un des rares à employer ce mot pour parler d'une pute) assez heureuse de se taper le président pour le gâter gratos.

Les décorés sont légion !

18 juillet 2009

L'ordre de la Légion d'honneur est le premier ordre national français. Il a été institué en 1802 par Bonaparte pour récompenser les auteurs de services militaires et civils rendus à la nation. On a vu que la promotion du 14 juillet a récompensé beaucoup de monde. Il en était de même pour ce qui concerne la promotion du 1er janvier. On ne peut reprocher au président de la République de faire plaisir à ses nombreux amis, étant donné que le mot légion signifie « beaucoup de monde », c'est marqué dans le dictionnaire. On peut être fier d'être français quand on voit que chaque année, aussi bien le 1er janvier que le jour de la fête nationale, une quantité impressionnante de personnages est récompensée pour les services militaires et civils qu'ils ont rendus à la France. Il est intéressant de se pencher sur le cas de certains récipiendaires. Laissons de côté les héroïques auteurs de services militaires, puisque, chacun le sait, le service militaire a été supprimé. Et penchons-nous donc sur le cas de ceux qui auraient rendu des services civils à notre cher et vieux pays. Par charité chrétienne, je n'irai pas fouiller en deçà du 14 juillet dernier, et m'arrêterai donc à la dernière liste des heureux nouveaux légionnaires. L'âge joue un rôle important. En effet, plus on vieillit et plus on est récompensé, alors que le temps qui passe interdit un peu plus de rendre de bons services. Ainsi l'ancien ministre de Pompidou et Chirac, Albin Chalandon, a été élevé mardi dernier au grade maximum de grand-croix, ce qui équivaut, comment dirais-je, à neuf degrés sur l'échelle de Richter. Bref, M. Chalandon ne peut pas obtenir plus. Heureusement pour lui, il a cessé, et il a bien raison, de rendre des services. L'actrice Michèle Morgan devient grand-officier. Les mauvais esprits diront que c'est cher payé pour quelqu'un qui s'est contenté de dire, il y a soixante ans : « T'as de beaux yeux tu sais », à un Jean Gabin qui le savait déjà. Je préfère la nomination de Serge Blanco, l'ancien patron de l'équipe de France de rugby. Notre président de la République a toujours aimé les gens qui plaquent leurs copains. Il a embauché Bernard Kouchner et Éric Besson pour les féliciter d'avoir plaqué leurs amis socialistes ; il fallait bien qu'il récompense un champion qui n'a jamais disputé un tournoi des cinq nations sans plaquer l'Angleterre. Cela dit, mon préféré, c'est le journaliste Charles Enderlin qui a déjà risqué sa vie pour nous faire vivre les tragédies qui opposent Israël à la Palestine. C'est quand même autre chose que l'acteur Christian Clavier qui n'était même pas chez lui quand trois crétins inoffensifs ont fait pipi dans son jardin et obtenu la peau du chef de la police corse. Et pourtant, il a la Légion d'honneur. Il n'est que chevalier, il a tout l'avenir devant lui.

Ce n'est plus le patron qui commande !

25 juillet 2009

Depuis le Front populaire, les ouvriers, employés et autres travailleurs sont représentés par des syndicats pour être défendus en cas de litige avec la direction de leur entreprise. Jusqu'au début de ce XXIe siècle, le système reposait sur ce qu'il est convenu d'appeler des négociations, et lorsque les problèmes revêtaient un caractère de gravité (salaires, licenciements), les grèves prenaient le relais des discussions. Or, depuis quelques mois la formule « rencontrons-nous et discutons » a été remplacée par « y en a marre ». Et du jour au lendemain, on s'est mis à séquestrer les patrons. Jusqu'à présent, ils ont été libérés en bonne santé, après avoir plus ou moins cédé aux injonctions des salariés. Cela a donné à penser que la méthode était efficace et on a vu de plus en plus de patrons se rendre au bureau après avoir dit à leurs proches : « Je ne sais pas si je rentrerai ce soir. » En réalité, ça n'a pas changé grand-chose : la durée des discussions a été fixée par les salariés au lieu de l'être par le patron, et la porte était fermée à clef par les salariés, c'est tout. Pour le reste, on négociait comme avant. Or, voici qu'on vient de franchir un nouveau pallier : « Désormais, préviennent certains travailleurs, si on n’obtient pas ce que l’on veut, on fait sauter la baraque ! » Jusqu’à présent personne n’a mis cette menace à exécution. Mais n’attendons pas pour dire à ces gens que l’affaire tournerait à leur désavantage et donnons-leur quelques conseils parfaitement illégaux. Prenons l’exemple d’un immeuble construit sur les bords d’un boulevard périphérique où passent sous les fenêtres des locataires entre trois et quatre mille voitures à l’heure, ce qui rend les parents à moitié fous et les enfants à moitié demeurés. Il ne faut pas séquestrer le propriétaire, il faut le contraindre à quitter sa calme résidence pour vivre quelque temps dans l’un de ces appartements. Quand un ministre ignore le montant exact du smic, il conviendrait d’en faire figurer la somme sur sa feuille de paye. Si un P-DG fait perdre de l’argent à son entreprise, il serait intéressant de répartir ses stock-options entre tous les salariés. Naturellement, tous ces gens devraient hésiter à accepter leurs nouvelles conditions de vie. On peut même supposer que certains puissent faire acte de rébellion. Il conviendrait donc de les faire accompagner par des vigiles qui, comme leur nom l’indique, veilleraient de très près à l’exécution de leurs nouvelles activités. Certes, rien de cela n’est légal, il ne faudra donc pas se faire prendre. Comme disait le grand philosophe Pierre Dac : « En justice courante et cavalente, si tous les prévenus l’étaient à temps, le banc des accusés serait souvent vide. »

Au PS
LES ÉLÉPHANTS SE TROMPENT ÉNORMÉMENT
8 août 2009

Le parti socialiste est-il le théâtre de l'ordre dispersé ou du désordre organisé? La réponse ne s'impose pas, mais force est de constater que les adhérents et sympathisants qui se retrouvent aujourd'hui à La Rochelle sont bien en peine d'imaginer dans quel état ils rentreront chez eux demain soir. Au moment où la grippe A fait le malheur d'un tout petit nombre de malades fort peu menacés et le bonheur de certains laboratoires, où les banquiers font semblant de souffrir d'avoir été obligés par Sarkozy de diminuer un tout petit peu leurs mirobolants bénéfices, où le ministre de l'Éducation nationale a peur de la rentrée et les futurs licenciés ont peur de la sortie, les socialistes se demandent, si oui ou non, il faut organiser des primaires pour désigner un candidat à la présidentielle de 2012. Le président Peillon est plutôt pour, le président Valls a envie de ne pas être contre à condition d'être désigné, la présidente Aubry est obligée d'être pour, sous peine d'être désavouée, le président Montebourg est férocement pour alors que le président Fabius n'est pas farouchement contre. Bref, c'est la pagaille rose. Le seul président qui ne dit rien est Strauss-Khan, très confortablement installé en observateur de tout cela à la tête du FMI. Or, Strauss-Khan se promène en tête de tous les sondages de popularité, en particulier comme candidat à l'Élysée, voire même comme chef de l'État. Ce qui est extraordinaire c'est que, à part DSK, les autres présidents (je les nomme ainsi car il est peu probable que ça leur arrive une autre fois) rêvent de toutes leurs forces d'être celui qui affrontera Sarko en 2012. Je me permets de leur conseiller de compter leurs supporters. Et je doute que les montebourgeois, peilloneux et autres vallseurs fassent la différence. Quand le charmant Manuel Valls affirme qu'il est envisageable de voir le maire d'Évry (c'est-à-dire lui-même) succéder à l'ancien maire de Neuilly, on doit bien rigoler dans les couloirs de l'Élysée (si ce n'est au parti socialiste). Je voudrais qu'une fois, on interdise les sondages pendant les deux mois qui précèdent l'élection présidentielle. Je crois que pour en arriver là, il faudrait faire grand cas des sondages réalisés entre un an et six mois avant le scrutin. Le candidat d'opposition serait alors désigné naturellement, et il n'est pas nécessaire d'être devin pour prévoir un second tour Sarkozy-Strauss-Khan. Encore faudrait-il qu'une quinzaine d'orgueils se rallient au candidat préféré de l'opinion. Hélas, ce n'est pas pour demain ; hélas, Henry James a eu raison d'écrire : « On est orgueilleux quand on a quelque chose à perdre et humble quand on a quelque chose à gagner. »

« Nom d'une pipe » (Bill Clinton)

15 août 2009

Il paraît que la presse écrite ne va pas bien. C'est dommage et ce n'est pas faux. Cependant il faut saluer l'effort des rédacteurs qui, à Paris comme en province, essaient de trouver des informations autres que la canicule dans les villes et les bouchons sur les routes. Aussi doit-on remercier le responsable de la rédaction de *La Presse de la Manche* qui pensait sûrement attirer le lecteur en proposant sur une affichette, censée résumer l'essentiel de l'actualité de la région, le double titre suivant : « Ambiance de fête dans la Manche ; grave accident de parapente à Barneville ». Espérons que les vacanciers avides d'émotion auront pu constater en lisant le journal que, Dieu merci, ceci n'avait rien à voir avec cela. Chaque semaine, je fais le plein d'hebdos en me demandant quels événements ont retenu leur attention. *Le Point* consacre dix pages à Henri IV : ça n'est pas tout à fait d'actualité mais après tout on nous indique qu'il est mort il y a seulement trois cent quatre-vingt-dix-neuf ans, après avoir rappelé à la France laïque que Paris vaut bien une messe. La semaine dernière *Le Nouvel Observateur* nous proposait un numéro exclusivement réservé aux Français qui partent en vacances, ou se consolent à Paris Plages. Il posait une quantité industrielle de questions pour « bronzer intello ». On nous apprend, ou plutôt on nous confirme, que dès le 20 août 2008 c'est-à-dire il y a près d'un an déjà, notre ministre des Finances Christine Lagarde disait : « Le gros de la crise est derrière nous. » C'était peut-être vrai, mais il faut bien admettre qu'aujourd'hui encore, elle nous colle aux fesses (je parle de la crise bien entendu). *L'Express* nous a offert un bon portrait du nouveau ministre de la Culture Frédéric Mitterrand, dont on apprend que le compositeur préféré est Maurice Ravel qui, rappelons-le, a écrit le concerto pour la main gauche. Pour ma part, l'information la plus réjouissante de ce début du mois d'août, c'est le retour au premier plan du retraité le plus heureux et le plus aisé qu'on puisse imaginer : je veux parler de l'ancien président américain Bill Clinton. Grâce à ses dons et son charme diplomatiques, l'ancienne star de la Maison-Blanche a obtenu la libération de deux journalistes américaines, Laura Ling et Euna Lee, emprisonnées à Pyongyang, en Corée du Nord. Il s'agit de deux jeunes femmes condamnées pour avoir critiqué le régime du vieux Kim Jong-II, qui, bien que malade, demeure très porté sur le nucléaire, ce qui énerve les Américains. Ces demoiselles avaient bien sûr entendu parler de Monica Lewinsky, la fameuse stagiaire très estimée de Clinton quand il était président, mais elles n'ont pas hésité à traverser le Pacifique en avion avec leur nouveau bienfaiteur quand elles ont acquis la certitude qu'il ne fumait plus ni le cigare ni la pipe. Cela n'a pas empêché Bill de faire un tabac en ramenant ses deux protégées à la maison.

L'Évangile selon saint Luc Chatel

22 août 2009

« Une belle rentrée scolaire tu prépareras » ; « Aux plus démunis tu penseras » ; « De nombreux prix tu bloqueras » ; « Beaucoup de mamans tu contenteras » ; « Les caméras tu ignoreras ». Tels sont les quelques commandements que le ministre de l'Éducation nationale s'est imposés dès sa prise de fonction, et, à trois semaines de la rentrée, Luc Chatel a fait un saut dans un Intermarché du Val-de-Marne pour vérifier que les prix de nombreuses fournitures scolaires étaient bien bloqués et demander leur avis aux mamans qui auraient déjà commencé leurs achats. Or, après avoir dit au ministre tout le bien qu'elles pensaient de l'opération, une dizaine de mères de famille ont laissé leur caddie sur place et sont parties sans rien acheter. Parmi les jeunes femmes ravies, un journaliste repère Virginie et découvre que cette conseillère municipale UMP a fait 50 km pour féliciter le ministre. Un autre journaliste rapporte l'information au ministère qui lui affirme que Virginie n'a rien à voir avec l'UMP et qu'elle travaille à Intermarché. Un troisième journaliste rapporte à son tour (quels vilains petits rapporteurs, ces journalistes) à Virginie ce qu'il vient d'apprendre et aussi sec la jeune femme répond qu'elle ne travaille pas à Intermarché. Allez donc y comprendre quelque chose ! Ce qui est clair, c'est qu'ON a demandé à quelques dames de venir féliciter le ministre. Ça fait un peu propagande et ça peut faire sourire. Dieu merci, la direction d'Intermarché a avoué être seule responsable de l'affaire. Tant mieux pour Luc Chatel qui, sans cela, serait passé injustement pour un vilain metteur en scène. Heureusement, il ne manque pas d'humour. Au Press Club, nous lui avons décerné il y a deux mois un prix spécial pour avoir déclaré : « Hortefeux téléphone parfois à Sarkozy pour ne rien lui dire, ce qui prouve la qualité de leur relation ! » Il aurait été dommage qu'un humoriste de ce niveau soit épinglé pour une connerie dont les patrons d'Intermarché sont les seuls coupables. Ils se font appeler « les mousquetaires ». Quand je pense aux vrais, ceux d'Alexandre Dumas, je me dis que ceux du magasin mériteraient de se faire botter les fesses par les gardes du cardinal. Mais nos grands responsables ont autre chose à faire : jeudi dernier, alors qu'on s'arrachait les stéthoscopes pour savoir s'il fallait oui ou non avoir peur de la grippe A, le Premier ministre était en Bretagne pour évoquer la prolifération des algues vertes. Bref, à part dans quelques pinèdes corses, y a pas le feu.

Remaniement d'armes

29 août 2009

Si toutes les épées ne sont pas encore sorties des fourreaux, la bataille est déjà commencée pour tenter de prendre les deux places fortes qui vont se libérer après les élections européennes. Je veux parler du ministère de la Justice et de celui de l'Agriculture que Rachida Dati et Michel Barnier vont quitter pour tenter de siéger au Parlement européen. Si on s'en tenait là, il ne s'agirait que d'un mini-remaniement, mais c'est beaucoup plus important car ceux qui lorgnent vers les deux futurs postes vacants sont déjà au gouvernement. On devrait donc assister à une jolie séance de chaises musicales, sorte de symphonie pour jalousie, ambition et orchestre. Mme Morano a très envie de laisser tomber la Famille, dont elle est secrétaire d'État, pour l'Agriculture, car elle serait alors ministre. Xavier Darcos prie le bon Dieu (qui pour la circonstance a pris le visage de Sarkozy) dans l'espoir d'être débarrassé une bonne fois pour toutes de l'Éducation nationale et essayer de faire oublier Mme Dati au ministère de la Justice, ce qui n'est pas une tâche insurmontable. Du coup, le ministère de l'Éducation nationale serait libre. Il paraît que le célèbre Claude Allègre, qui en a déjà tâté sous Mitterrand, serait prêt à mettre entre parenthèses ce qui lui reste de conviction socialiste pour permettre à Sarkozy de donner à l'ouverture à gauche les dimensions d'un gigantesque cratère, un cratère déjà bien creusé par Kouchner, qui ne croit plus aux droits de l'homme, et Éric Besson qui ne croit plus à la parole donnée, sauf si cela concerne la dénonciation des filières par des immigrés totalement perdus. Bien entendu, les ministres qui ambitionnent de rester au gouvernement en changeant de portefeuille se sont fait taper sur les doigts par le président. Et pourtant, il va bien falloir en récompenser quelques-uns. Cela dit, j'avoue être resté sans voix en apprenant que le socialiste Dominique Strauss-Kahn ne serait pas hostile à l'idée de piquer la place de Fillon. On nous dit qu'il réfléchit. Il n'aura pas besoin d'une calculette pour évaluer la différence entre les dollars qui débordent des caisses du FMI (qu'il préside encore) et les euros qui constituent le budget de l'hôtel Matignon. Je crois que ses calculs vont surtout lui permettre de mesurer les chances qui sont les siennes pour la présidentielle de 2012, selon qu'il demeure à Washington ou rentre à Paris. Finalement, parmi les différentes hypothèses concernant le prochain remaniement, il en est une qui me paraît plus importante que toutes celles évoquées plus haut, c'est l'éventuelle création d'un ministère de l'Intelligence. Le temps de chercher à qui pourrait bien convenir un tel portefeuille, j'apprends que le favori serait le ministre Jean-Louis Borloo. C'est une bonne idée : pour assumer une telle responsabilité, il faut un homme qui ait de la bouteille.

Les juges condamnés sans appel

5 septembre 2009

Il va nous manquer le juge d'instruction, le magistrat instructeur. Avant il rendait la justice, maintenant c'est lui qui se rend. Jusqu'à présent on pouvait dire « la justice est passée », désormais on dira « les juges, c'est dépassé ». Certes, il y en a qui ont dérapé, voulant parfois trop bien faire, se croyant justiciers. Ils ont donc dévié, glissé, et sont même tombés : il faut croire que le parquet était trop bien ciré ! Avant, la justice était une affaire d'équilibre : rappelons-nous ce film terrible et magnifique à la fois, réalisé dans les années 1960 par André Cayatte, metteur en scène français très épris de justice : *Le Glaive et la Balance*. Presque tout était dit dans le titre. À présent on conserve le glaive et la seule balance que l'on garde c'est le délateur, le vilain rapporteur, cher au porte-parole de l'Élysée, Frédéric Lefebvre, qui a décrété que « la dénonciation est un devoir républicain ». C'est quand même très embêtant cette suppression du juge d'instruction. Le travail de certains d'entre eux nous a permis de vivre de sacrés bons moments dont nous allons devoir nous passer. En effet, hier encore, un juge pouvait ouvrir un dossier que le parquet refusait de traiter. Hier, le procureur voulait classer l'affaire Tapie, mais le juge décidait d'ouvrir le dossier. Résultat : on a vu un ancien chanteur devenir homme d'affaires, puis ministre, puis taulard, puis supporter de l'OM, puis supporter de Sarkozy, puis bénéficiaire de millions d'euros. C'est rigolo, ça distrait et pendant ce temps-là, on oublie les mauvaises nouvelles. Aujourd'hui, tout cela serait enterré dès le départ. Sans juge on n'aurait pas vu un préfet de police condamné pour crime contre l'humanité, ni un ministre des Affaires étrangères emmerdé puis blanchi, après s'être fait offrir des pompes à 1 500 euros par une séductrice à la cuisse accueillante. Aujourd'hui, si le procureur estime qu'il faut classer une affaire pour faire plaisir au pouvoir politique dont il dépend, il n'y a plus personne en face pour contester. Que va devenir la France si on ne peut plus s'engueuler ? Comment la justice pourra-t-elle être rendue par un procureur dont les dents rayent… le parquet ? La conclusion provisoire doit revenir à Pierre Dac dont voici une arrière-pensée : « Quand on ne condamnera plus les portes, quand on n'acquittera plus les factures, la justice aura fait un bon demi-tour en avant. »

Je gardérai toujours ma carte SIM
(Hommage à Sim)
7 septembre 2009

Ainsi va le cours des choses : j'arrive à un âge où l'on commence à enterrer ses copains. Le terme n'est pas tout à fait exact pour ce qui concerne Sim : c'est un ami qui s'en va. Peu après le début de ma carrière d'homme de scène, j'ai eu la chance de « faire la première partie » du spectacle de Sim, en Bretagne, sous un chapiteau où avaient pris place près de deux mille personnes. C'était une de mes premières grandes salles : j'étais heureux et fier d'avoir été choisi par un des plus grands comiques de France pour chauffer la salle, en m'appuyant sur les imitations de Georges Marchais, Léon Zitrone et Raymond Poulidor, auxquels je dois beaucoup de succès. À l'entracte, Sim m'a remercié, me prouvant ainsi la belle amitié qu'il savait si bien partager et il est entré en scène. Ce fut, avec les spectacles de Jerry Lewis et Raymond Devos, un des moments les plus prodigieux, inouïs et joyeux que j'aie vécus dans une salle de spectacle. Sim savait tout faire : imiter, jouer, délirer, émouvoir, ajoutant à cela des qualités de bruiteur absolument exceptionnelles. Les yeux fermés, le public se croyait assis sur un quai de gare en écoutant passer un train de marchandises, la locomotive, le tender, et les wagons, chacun avec ses bruits si particuliers. Quelque temps après, l'ami Jacques Chancel m'a permis de présenter sur France 2 une émission que j'intitulais « Bravo ». Mes invités, tous célèbres, devaient effectuer une tâche parfaitement étrangère à leurs compétences. J'avais demandé à Sim de se mettre dans les habits d'un candidat à l'élection présidentielle. On avait dressé un pupitre barré de tricolore, derrière lequel il avait prononcé un discours absolument irrésistible qui commençait ainsi : « Si je suis élu, je commencerai par déclarer la guerre à la Suisse. » Tout était de cet acabit ; devant un public, un animateur et des invités morts de rire, Sim a montré son talent unique, celui d'un interprète capable de créer, d'inventer des effets comiques et de toujours gagner le pari de donner du bonheur à tous. Te voilà parti mon vieux Sim ; j'ai bien peur d'ignorer où tu te trouves. Mais c'est là que je t'envoie ce message de reconnaissance, d'amitié et d'affection pour toutes les joies que tu nous as offertes. Comme mon maître Pierre Dac, je ne peux m'empêcher de penser que « la mort est un manque de savoir-vivre ».

La grippe ? AH !

12 septembre 2009

Une fois de plus, la France est coupée en deux. Dans les conversations il y a celui qui croyait à la grippe et celui qui n'y croyait pas. On est interrompu sans cesse alors qu'on essaie de se faire une opinion. Le temps qu'un médecin déclare : « La contagion est efficace mais le virus n'est pas méchant », aussi sec un de ses confrères s'écrit : « Il faudra bien vacciner tout le monde ! » Un virologue affirme : « On ne sait pas s'il faudra une ou deux injections et on ne sait même pas si le vaccin vaccine ! » Au même moment, un membre éminent de l'Académie de médecine s'étrangle : « On pense à la canicule de 2003 et on jouerait à nous faire peur en nous préparant à une vaste calamité à coups de plans draconiens. » Un maire du Val-de-Marne ferme une école où trois bambins ont le nez qui coule et 38 de fièvre. Une heure plus tard un médecin spécialiste annonce : « La fermeture des écoles ne sert à rien ; les gosses attrapent le virus ailleurs. » Un admirateur de Roselyne Bachelot (la ministre qui vient de vendre ses claquettes aux enchères) se pâme : « Vous avez vu, la France a dépensé des sommes folles pour maintenir le virus à distance. » Un professeur de médecine avoue : « Acheter au coût d'un milliard d'euros des vaccins dont on ne sait rien n'était pas une décision raisonnable. » Alors, qu'est-ce qu'on fait les gars ? On a peur ou on s'en fout ? Bien malin qui connaît la bonne réponse. Je suis tenté de retenir la réflexion d'un bon vieux médecin généraliste du centre de la France, le mec qui en a vu de toutes les couleurs, qui en sait sûrement plus que certains pseudo-spécialistes, le type qui fait un travail formidable en aidant, en soulageant et en aimant ses patients. Il vient de dire : « Il n'y a à ce jour aucun élément permettant de dire que cette grippe serait bien plus grave qu'une grippe saisonnière. » J'ai bien envie de le croire. Mon dernier chauffeur de taxi disait l'autre jour : « La bonne vieille grippe fait deux mille morts en France chaque année, on s'habitue. La grippe A fait deux mille morts dans le monde et on nous emmerde. » Allons, contentons-nous de ce que l'on a, et rappelons-nous que, grâce à Jules Romains, le docteur Knock est l'auteur d'un diagnostic imparable : « La santé est un état précaire qui ne présage rien de bon. »

Ségolène tient Martine par les urnes

19 septembre 2009

« On ne tire pas sur une ambulance. » Cette affirmation faussement tolérante a été maintes fois prononcée dans le milieu politique depuis des années. Si j'ai bonne mémoire, c'est la journaliste Françoise Giroud qui en a eu l'idée pour la première fois. C'était en 1974, en pleine campagne présidentielle. Le candidat gaulliste « officiel » était Jacques Chaban-Delmas, dont la précipitation avec laquelle il avait annoncé sa candidature avait provoqué une irréversible chute de popularité qui favorisa l'élection de Giscard. L'effondrement de Chaban et sa tentative désespérée de survie avaient donné à Françoise Giroud l'idée de la célèbre formule. Je la reprends modestement à mon compte en pensant au pauvre parti socialiste dont l'électorat potentiel s'amenuise au moment où Mme Aubry décide de rayer quelques dizaines de milliers de militants « trop passifs » des listes de ses électeurs. Que va-t-il donc rester lors des prochains scrutins ? Au fait, qu'est-ce qu'un militant passif ? J'ai peur que ce soit celui qui a la flemme d'aller voter mais dont le nom se retrouve malgré tout sur un bulletin parmi les milliers qui, comme aurait dit un copain d'Aubry, ont servi à « bourrer les urnes » sans états d'âme. Truquer une élection, quelle horreur ! Que l'on reproche aux amis de Chirac d'avoir fait voter quelques absents, histoire de permettre au RPR de rafler les vingt mairies parisiennes, je veux bien ; que l'on en veuille au maire du 5e arrondissement Jean Tiberi d'avoir, en bon Corse qui se respecte, réussi à faire voter quelques électeurs décédés, ça fait parti du sport ! Mais que les socialistes, qui prônent l'égalité entre tous, la justice sociale, l'honnêteté et la dignité avant tout, aient pu truquer une élection, me paraît au-dessus de leurs capacités intellectuelles et morales. Par conséquent, Ségolène va devoir continuer à vivre avec cent deux voix de retard sur Martine, ce qui est moins pénible que de se lancer dans une campagne présidentielle avec les cent deux casseroles que ses adversaires ne manqueront pas de lui accrocher aux fesses. Après avoir débauché quelques gens de gauche dont la belle idéologie n'a pas résisté longtemps aux sirènes du pouvoir, Sarkozy peut remercier ceux qui sont restés au PS. Ils lui préparent un deuxième quinquennat, sauf, bien sûr, si Valls, Peillon, Hamon, Aubry, Royal, Hollande, Moscovici et consorts se rangent derrière Strauss-Kahn. Mais rassurez-vous, je plaisante !

La haine capitale

26 septembre 2009

L'inimitié, le mépris, la haine, qui ont empoisonné les relations entre gouvernants constituent une histoire vieille comme le monde. Aussi peut-on dire que ce qui oppose Sarkozy à Villepin n'est, sur la forme, pas très nouveau. Sans aller en deçà de la Ve République, on a de quoi remplir quelques savoureuses pages d'histoire. Pour avoir laissé tomber Pompidou empêtré dans l'affaire Markovic, de Gaulle a abandonné son Premier ministre sans l'empêcher de se présenter à la présidentielle et de gagner. En août 1976, Chirac a installé entre Giscard et lui une haine définitive quand il a quitté Matignon en s'estimant dans l'incapacité de faire son travail dans des conditions convenables. Aujourd'hui encore, Giscard lui en veut, entretenant dans son esprit une rancœur presque aussi farouche que celle qu'il éprouve à l'égard des Français qui n'ont pas voté pour lui en 1981. Que de paradoxes chez Giscard : le vieux bonhomme continue de se démener comme un diable pour obtenir un bureau au Conseil constitutionnel où il ne mettait jamais les pieds avant que Chirac ne s'y présente, et il s'est bien sûr étranglé quand il a découvert que le bureau de Chirac était plus grand que le sien. On a vraiment envie de l'envoyer jouer aux osselets dans la cour. Et puis voici que ce pauvre Giscard (quand on pense à la retraite, aux châteaux et aux diamants, on comprend que l'adjectif pauvre est une manière de langage) publie un bouquin intitulé *La Princesse et le Président*, comme si ses fantasmes pouvaient s'assouvir par la plume ! Espérons pour lui que son imagination érotique va s'arrêter là ; je tremble à l'idée d'un deuxième tome où il imaginerait une liaison avec la cheftaine des Miss France, Geneviève de Fontenay. S'il ne pouvait y résister, je lui suggérerais un titre : *Comment culbuter une dame qui refuse d'ôter son chapeau ?* Bref, pour notre vieux châtelain il faut encore cheminer entre l'amour et la haine. Revenons aux détestations politiques célèbres. On se demande comment Michel Rocard est parvenu à résister moralement à la haine mitterrandienne qui aurait pu l'anéantir. Et quand on entend Sarkozy souhaiter que l'on pende à un croc de boucher un coupable nommé Villepin qui est présumé innocent, on se dit que la haine politique a de beaux jours devant elle. En 1981, le socialiste Robert Badinter a fait voter l'abolition de la peine capitale. Il s'avère aujourd'hui que le plus grand législateur qui soit ne pourra jamais faire abolir la haine capitale.

Marin d'eau trouble

3 octobre 2009

Le procureur de la République Jean-Claude Marin est l'homme qui a demandé mardi dernier au président de la 11e chambre correctionnelle de Paris de bien vouloir condamner l'ancien Premier ministre Dominique de Villepin à dix-huit mois de prison avec sursis dans l'affaire Clearstream. Tout le monde connaît le capitaine Haddock qui aimait traiter ses ennemis de « marins d'eau douce ». En prenant connaissance des 20 kg du dossier Clearstream, on peut dire que le procureur est devenu le « marin » d'eau trouble, tant les mensonges, les tromperies, les bruits et les silences ont transformé cette affaire en une manière d'énigme. Il y a des moments où je pense qu'il vaudrait mieux se trouver devant une cour d'assises, c'est-à-dire devant un jury populaire composé au hasard d'ouvriers, de chauffeurs de taxi et de commerçants, autrement dit de Français moyens qui connaissent la vie, que devant un tribunal correctionnel dont l'ultime décision appartient à trois juges souvent écrasés sous le poids des recommandations des uns et des autres, les uns étant les ennemis du prévenu, les autres ses amis. Dans une affaire comme celle-là, les uns sont au pouvoir et les autres sont avocats. Le pouvoir d'un juge est terrible : selon sa conviction, un homme sera condamné ou innocenté. Cela m'amuserait de connaître le résultat d'un sondage qui ne sera jamais réalisé, et dont la question serait : « Villepin est-il coupable ? » Le procureur Marin répond oui, les avocats de Villepin répondent non. Là où le pouvoir des juges est démesuré, c'est qu'ils répondront, non pas en s'appuyant sur des preuves car elles n'existent pas, mais sur leur intime conviction. Je prie le bon Dieu pour que personne ne les influence. Ce serait bien qu'ils fassent triompher l'indépendance de la justice. Mais détiennent-ils la vérité ? Allez savoir ! Ils vont avoir du travail pour la débusquer et sans doute n'y parviendront-ils pas. À l'issue d'un procès rempli de mensonges, ils devront se contenter de penser au philosophe André Malraux qui disait : « La vérité d'un homme c'est d'abord ce qu'il cache. »

Guerres et paix

10 octobre 2009

Il y a jury et jury. Chez nous, on attend les délibérations des jurés du prix Goncourt avec curiosité. Soyons optimistes, il se peut que le lauréat soit récompensé pour son seul talent, qu'il n'ait aucun ami parmi les votants, et que ces derniers pensent à l'auteur avant l'éditeur : c'est déjà arrivé. Les jurés de cour d'assises rendent parfois leur verdict sans tenir compte des désirs du président (je parle de celui de la cour d'assises, bien entendu), c'est déjà arrivé aussi. Là où cela se complique, c'est dans le cas où un jury a le pouvoir absolu. Les trois magistrats qui président la 11e chambre correctionnelle de Paris nous feront bientôt savoir s'ils estiment que Villepin est coupable, comme l'a dit le président de la République, ou bien si, en l'absence de preuves formelles, le doute doit profiter à l'accusé. Le verbe « estimer » reflète un pouvoir démesuré : trois messieurs vont décider si l'ancien Premier ministre est coupable ou innocent ; il s'agit d'une conviction (intime, paraît-il) pour faire basculer la vie d'un homme : heureusement, il est prévenu ! Passons vite sur le cas des corrompus, pistonnés et autres pauvres gens pour s'intéresser au jury des prix Nobel. Qui donc pouvait-il récompenser pour un combat en faveur de la paix dans le monde ? Il y avait le choix et c'est vers les chefs d'État que les jurés suédois ont décidé de porter leur regard cette année. Peut-être ont-ils pensé à Berlusconi. Le président du Conseil italien a essayé de minimiser les effets du tremblement de terre survenu en mai dernier, déclarant aux réfugiés entassés sous des tentes : « Finalement, c'est comme si vous passiez le week-end à la campagne », mais ça n'a pas suffi. La semaine dernière, le vieux noceur italien a parlé du couple présidentiel américain en s'écriant : « Comment s'appellent-ils, déjà, les deux bronzés ? », démontrant ainsi qu'il est à l'élégance ce que le rap est à la musique. J'espère (mais j'en doute) qu'il aura eu honte en apprenant qu'il parlait du nouveau Prix Nobel de la paix. Bien sûr, les jaloux, les racistes, les pro-Bush et autres médiocres rappellent que l'Amérique est en guerre en Irak et en Afghanistan, oubliant qu'Obama propose le dialogue à tous sans exception parce que la paix est impossible sans dialogue. Qu'ils lisent Jean Jaurès : « La paix n'est qu'une forme, un aspect de la guerre ; la guerre n'est qu'une forme, un aspect de la paix ; et ce qui est lutte aujourd'hui est le commencement de la réconciliation de demain. »

AU NOM DU PÈRE ET DU FILS

17 octobre 2009

Qu'on le veuille ou non, il me semble que par les temps qui courent il vaut mieux être le fils du président que père de famille chez France Telecom. Le jeune Jean Sarkozy doit avoir les épaules bien larges pour supporter le poids de l'affaire dont il est la vedette. Comme d'habitude, dans notre cher et vieux pays, il y a « les pour » et « les contre ». Ce qui est amusant c'est que pour une fois, si « les pour » sont en grande majorité à droite, « les contre » ne sont pas seulement à gauche. Le député UMP Pierre Cardo parle de maladresse, tandis que l'ancien Premier ministre Raffarin reconnaît que l'affaire sème le trouble dans la majorité présidentielle. Le jeune Jean a pris un mauvais exemple en disant que tout le monde trouve naturel qu'un fils de pianiste suive le chemin de son père. D'accord, mais il faut voir le résultat. Le merveilleux violoniste Yehudi Menuhin a donné envie à son fils de faire de la musique : le brave garçon a fait du piano mais sans que personne ou presque ne s'en aperçoive. J'ai connu un pianiste français qui a déclaré un jour sur France Musique : « Je suis juif, franc-maçon et homosexuel, et je n'arrive pas à décrocher un concert. » L'animateur lui a répondu : « Peut-être que vous jouez mal du piano ? » Revenons au fils de son père. Ses détracteurs s'en donnent à cœur joie, le socialiste Montebourg s'interroge : « Est-ce le privilège de la naissance, parce qu'on s'appelle Sarkozy qu'on nommera un étudiant en deuxième année de droit à la tête de l'établissement public d'aménagement de la Défense avec ses 150 000 salariés et son milliard d'euros de chiffre d'affaires ? » Heureusement, le jeune Jean a des supporters, en particulier le vice-président du conseil régional des Hauts-de-Seine, M. Solère, qui a dit : « Jean Sarkozy est le fils d'un génie politique, normal qu'il soit précoce. » Pour paraphraser Michel Audiard, je dirai que si les lèche-bottes volaient, le brave Solère serait chef d'escadrille. Ne soyons pas aussi pessimistes que Charles Pasqua qui disait l'autre soir : « Ce qui est certain c'est que ça peut mal finir », et conseillons au jeune Jean de lire *Cyrano de Bergerac*. Edmond Rostand offre à son héros ce qui devrait être la plus belle des devises : « Ne pas monter bien haut, peut-être, mais tout seul. »

Epad, Epad, oui mais sans Sarkozy !

24 octobre 2009

Il y a les acteurs et les commentateurs. Je dirai que le travail des premiers est beaucoup moins aisé que celui des seconds. Au moment où Jean Sarkozy, le fils du chef de l'État, renonce à la présidence de l'Epad de la Défense, je me demande avec quelle rapidité les commentateurs qui lui donnaient raison avant vont lui donner raison maintenant. Dans cette affaire, tout le monde change d'avis. Mais si l'acteur peut être félicité pour ça, il n'en est pas de même pour ceux qui l'ont soutenu. Il va falloir que le porte-parole de l'Élysée, Frédéric Lefebvre, nous offre un festival de circonvolutions cérébrales pour féliciter Jean Sarkozy de son renoncement avec la même ardeur que celle qu'il mettait deux jours plus tôt pour le féliciter du contraire. J'entends déjà le patron de l'UMP, Xavier Bertrand, dont l'admiration qu'il porte au chef de l'État est inversement proportionnelle à la furieuse amitié qu'il éprouve pour son collègue Jean-François Copé, déclarer quelque chose du genre : « Jean était courageux de vouloir présider la Défense, il est encore plus courageux d'y renoncer. » Mais là où la famille Sarkozy est vraiment forte, c'est quand elle voit bien que cette affaire oblige l'opposition à lui donner raison. Le porte-parole du PS, un certain Hamon, vous savez, le type qui n'a rien compris au bouquin de Frédéric Mitterrand, au point que je me demande s'il l'a lu, a condamné la candidature de Jean Sarkozy avec tellement de violence qu'il ne peut aujourd'hui que lui donner raison d'y renoncer. Le socialiste Emmanuel Fabre, qui n'examine jamais un sondage, sinon il arrêterait de penser bêtement à l'Élysée, est obligé d'admettre que la rectification d'une erreur est un acte positif. Rendez-vous compte : MM. Hamon et Fabre d'accord avec Sarkozy, c'est l'opposition à l'envers. J'ajouterai que celui que j'admire le plus dans cette affaire est le Premier ministre François Fillon dont le silence assourdissant conduit à se demander ce qu'il pense. Certes, son patron cumule beaucoup de responsabilités, mais à force de se taire il pourrait finir par donner le sentiment de ne pas exister. À moins que Fillon n'ait fait sienne cette pensée de l'auteur anglais George Bernard Shaw : « Le silence est l'expression la plus parfaite du mépris. »

Y A PASQUA FOUETTER UN CHAT

31 octobre 2009

Moi je l'aime bien cet ancien premier flic de France qu'on appelait « Charlie la bavure » quand il trônait place Beauvau en tant que ministre de l'Intérieur. Comme tout le monde (sauf peut-être lui-même), j'ignore totalement s'il est innocent ou coupable dans cette affaire de ventes d'armes à l'Angola au début des années 1990. En regardant à la télé les prévenus quitter le Palais de justice, mardi soir, après le jugement du tribunal correctionnel, je me disais qu'il valait mieux être ancien ministre qu'ancien marchand de canons. En effet, si Charles Pasqua et Pierre Falcone sont arrivés au palais avec une voiture et un chauffeur, Pasqua est reparti comme il était venu, tandis que Falcone, toujours en costume cravate, était escorté jusqu'à la prison de la Santé. Comme d'habitude dans ce genre de situation, la France se coupe en deux. D'un côté on s'écrie : « Ministre ou pas, quand on a fait une connerie il faut payer », et de l'autre on s'insurge : « On pourrait quand même lui flanquer la paix à ce pauvre Pasqua, il n'est pas plus malhonnête que les autres et puis c'était il y a longtemps. » Il faut dire que mardi soir sur France 2, le vieux gaulliste a fait ce qu'il fallait pour mettre les hésitants de son côté, et quand il a dit avec ce délicieux accent du Midi qui le caractérise : « Mademoiselle Drucker, vous m'avez posé une question, permettez-moi d'y répondre », on lui aurait presque donné le bon Dieu sans confession. En attendant de connaître la vérité, admettons que le plus fort dans tout ça est l'ancien président Jacques Chirac. Il est cité partout mais inquiété nulle part. La mairie de Paris, les HLM, les emplois fictifs, Clearstream, les ventes d'armes en Angola, il ne sait pas de quoi il s'agit, il n'en a jamais entendu parler. Chirac va publier un livre dans quelques jours, non pas un roman de gare bâclé par un auteur sénile qui fantasme sur les princesses, mais un livre de souvenirs. J'attends avec curiosité de lire les mémoires d'un type qui ne se rappelle rien.

TARTAGUEULE À LA RÉCRÉ

7 novembre 2009

La semaine dernière je m'impatientais en attendant la publication du livre de Chirac, me demandant ce qu'on pourrait bien découvrir en lisant les mémoires de quelqu'un qui ne se souvient de rien. On aura compris que je résiste rarement aux plaisirs de l'humour, alors que Chirac n'a pas tout oublié, loin s'en faut. Et, quand on lit les pages concernant Giscard, force est de constater que non seulement Chirac a de la mémoire, mais encore que la politique n'est pas prête d'être dissociée de ce qui trop souvent l'alimente : la haine. La plupart du temps, ça commence par la méfiance, puis l'inimitié s'installe, laissant la place à une rancœur en général mêlée de jalousie, qui aboutit enfin à la haine. Le chemin est plus ou moins long, selon la personnalité des couples qui l'empruntent. De Gaulle et son Premier ministre s'appréciaient jusqu'à l'affaire Markovic, que Pompidou a dû subir sans le soutien du général. Peut-être ne sont-ils pas allés jusqu'à la haine, mais le ressentiment de Pompidou fut suffisant pour que l'intéressé annonce son intention de briguer l'Élysée, ce que le grand Charles prit comme un acte de traîtrise. Aujourd'hui, on s'amuse en comptant les coups entre le chef de l'UMP, Xavier Bertrand, et le candidat UMP à la présidentielle de 2017, Jean-François Copé. De temps en temps, ils déjeunent ensemble en se détestant et en souriant à la fois, rien que du traditionnel. Qu'en restera-t-il dans vingt ans, nul ne le sait et peu importe. Mais la jalousie qui sépare Xavier de Jean-François ressemble à de l'amour passion à côté de ce qu'échangent Chirac et Giscard. Je crois que le premier s'arrête à la rancœur alors que le second est seul à aller jusqu'à la haine. C'est normal car le premier commence un grand succès de librairie tandis que le second fait un flop abyssal avec sa tentative de roman. On peut y lire ceci : « Elle réagit par un frémissement à l'envahissement de mes lèvres. » Si on pense à la cuillère en argent avec laquelle le vieil Auvergnat est né, on devine que la dame s'est étranglée. L'humoriste Francis Blanche aurait été là pour découvrir ça, il aurait sûrement dit : « Je l'ai lu d'un derrière distrait. »

À LA SANTÉ DES LABOS

14 novembre 2009

On n'avait jamais vu ça, en tout cas en France. À coups de centaines de millions d'euros et de campagnes de mobilisation sans précédent, les Français sont invités depuis quarante-huit heures à se faire vacciner contre la grippe A, autrement dit à profiter de ce à quoi ils tiennent le plus : leur santé. Or, plus de 70 % s'y opposent. Ils ne sont pas choqués par la campagne, car ils ont l'habitude de ce genre de tapage, qu'il soit électoral ou pas. Je crois que ce sont les 700 millions d'euros dépensés pour le vaccin qui leur restent sur l'estomac en pleine période de crise pour leur portefeuille. Mon chauffeur de taxi préféré (celui qui représente la France profonde avec dignité et bon sens) m'est apparu particulièrement remonté contre les appels désespérés du gouvernement en faveur d'une vaccination massive. « J'y comprends rien : c'est toujours les mêmes qui s'en mettent plein les poches. Regardez les banques : on nous a dit l'an dernier que la crise les avait ruinées, un an après elles n'ont jamais eu autant de pognon. Et voilà qu'on nous supplie de nous faire vacciner contre la grippe A. Je suis sûr que plein de Français l'ont chopée sans savoir que c'était ça : un petit coup de fièvre, un petit coup d'aspirine, un petit coup de repos et on n'en parle plus. Regardez les trois joueurs du PSG qui l'ont attrapée : ça a fait des blessés uniquement parce qu'on a annulé le match contre l'OM. Mais sinon les trois joueurs ont été soignés trois jours et ils sont revenus sur le terrain le dimanche suivant. Qu'on ne vienne pas me dire que le vaccin a des effets secondaires : la preuve que ce n'est pas vrai, c'est que le dimanche suivant, le PSG a perdu exactement comme la semaine précédente ! Allons, cher monsieur, les bénéficiaires c'est les labos : il y a un machin qui s'appelle le GEIG, et qui doit nous informer sur le vaccin. Eh bien, cet organisme est financé à 100 % par les labos qui fabriquent le vaccin, alors les gens ils ne veulent pas entrer dans la combine, c'est tout ! » J'ai consolé mon chauffeur de taxi en lui disant que la secrétaire d'État Chantal Jouanno est, elle aussi, réfractaire : « Je ne compte pas me faire vacciner à titre personnel », a-t-elle dit. Je lui conseille, en pensant à l'ancien champion cycliste Richard Virenque, de se faire piquer à l'insu de son plein gré.

Le vieux qui murmurait à l'oreille des princesses

22 novembre 2009

Il était une fois un châtelain auvergnat très âgé qui commençait à perdre la mémoire. Aussi décida-t-il de consigner quelques souvenirs demeurés à peu près intacts. Dans ses moments de lucidité, il essayait de faire la part entre les rêves et les événements dont il avait été l'acteur ou le témoin. Il se rappelait qu'il avait été président de l'Amicale des accordéonistes de Clermont-Ferrand, puis du conseil général du Puy-de-Dôme et enfin de la France entière, ce qui lui avait donné le bonheur, que dis-je, la jouissance, d'exercer le pouvoir et de rencontrer d'autres présidents qui vivaient dans des pays aux richesses inimaginables. Cela lui permit d'abattre quelques éléphants en République centrafricaine, à défaut d'éliminer les éléphants socialistes retranchés rue de Solferino à Paris, où une fusillade, même présidentielle, aurait fait mauvais genre. Pour le remercier de ses visites, l'empereur centrafricain lui offrit des diamants. Mais l'affaire fit grand bruit et contraignit notre vieux châtelain à les restituer. Or, il était incapable de se souvenir de l'endroit où il les avait rangés. Peut-être les avait-il disséminés dans ses différents châteaux. Il réussit cependant à retrouver une plaquette d'une valeur de 6000 euros, et au prix d'un effort d'autant plus surhumain qu'il s'accomplissait en Auvergne, l'ancien président rendit la plaquette à son ami l'empereur qui, par un rapide calcul, comprit qu'en recevant la même chose tous les mois, il lui faudrait vivre encore quarante-cinq ans pour rentrer dans ses biens. Pendant ce temps, notre vieux châtelain est reparti dans ses rêves, précisément les deux rêves de sa vie : séduire une princesse et être reconnu en tant qu'écrivain. Conscient de ce que le premier rêve était irréalisable, il décida de l'imaginer par le subterfuge d'un roman. Après tout, coucher sur le papier, c'est déjà coucher un peu. Et puis le vieux bonhomme a réussi à convaincre les petits vieillards en habit vert qu'il méritait de les rejoindre. Aussi fut-il élu à l'Académie française. Il rédige déjà la suite de ses aventures sentimentales pour nous raconter comment il a séduit la princesse de Clèves. Comme disait Georges Bernanos : « Le jour où je n'aurai plus que mes fesses pour penser, j'irai les asseoir à l'Académie ! »

Main basse sur la Coupe du monde

28 novembre 2009

Comme le monde entier ne peut l'ignorer, le joueur de football Thierry Henry a mis la dernière main à la rédaction sans cesse renouvelée d'une histoire éternelle et perpétuelle : le jeu de mains dont certains mauvais esprits considèrent que c'est un jeu de vilains. Il paraît que le premier chapitre s'intitule « La main de Dieu », mais personne ne peut prouver aujourd'hui qu'elle fut à l'origine de tout. Depuis deux mille ans, pour ne pas aller plus loin, philosophes et autres littéraires ont mis la main à la pâte pour tenter d'expliquer le phénomène : que peut-on exprimer avec les mains et comment, avec elles, offrir des sensations aussi contradictoires que celles provoquées par la baffe ou la caresse ? Bien entendu, l'endroit où l'on choisit de l'appliquer joue un rôle essentiel dans l'intention de l'auteur. Ce sera une démonstration de tendresse, une expression de violence ou carrément un délit. Or, la vérité relève d'un paradoxe : une même caresse est belle si elle effleure la joue, mais devient une faute quand elle est appliquée sous la ceinture. Plusieurs metteurs en scène de cinéma ont fait parler les mains de leurs acteurs de multiples manières. Certains ont eu l'honnêteté d'annoncer la couleur dès le titre : Hitchcock a demandé à Cary Grant de mettre doucement « la main au collet » de Grace Kelly. L'Américain Humphrey Bogart a été le héros d'un chef-d'œuvre : *La Main gauche du Seigneur*. Le Français Costa-Gavras lui a répliqué : *La Main droite du diable*. Et Lino Ventura a mis tout le monde d'accord en administrant à Isabelle Adjani « la gifle » la plus formidable de l'histoire du cinéma. Que ce soit en politique ou au poker, tout le monde essaie de prendre la main. Des juges sont persuadés d'avoir pris Pasqua et Villepin la main dans le sac et la justice devra trancher. Pour en revenir au football, force est de constater que Thierry Henry n'a pas perdu la main et on a tort de le lui reprocher, car dans sa spécialité la règle c'est « pas vu, pas pris ». Un jour bien sûr, Henry passera la main, mais à qui ? C'est ça la question. Je lui conseille en attendant de continuer à bien jouer au ballon, et si on l'interroge sur la prochaine Coupe du monde, de se contenter de répondre : « On va la gagner, j'en donne ma main à couper. »

Nicolobama

5 décembre 2009

Si j'étais psychologue, j'irais voir Sarko et je lui dirais : « Rassurez-vous, vous n'avez rien à envier au locataire de la Maison-Blanche et cela pour plusieurs raisons. Regardez-le se débattre avec obstination pour offrir une protection de santé aux 46 millions d'Américains qui n'en ont toujours pas, alors qu'ici vos concitoyens se sentent si bien protégés qu'ils hésitent même à se faire vacciner contre la grippe. Obama a en face de lui une opposition farouche alors que vous, vous avez la chance extraordinaire d'avoir affaire à des dizaines de socialistes qui n'ont absolument pas le temps de s'opposer à vous, parce qu'ils passent leur journée à s'opposer entre eux. Le président américain ne connaît pas son prochain adversaire alors que vous, quoi qu'il arrive, vous verrez Ségolène Royal se présenter avec son syndrome présidentiel : elle sait qu'elle ne sera jamais élue mais elle se présentera toujours. Voyez comme Obama souffre d'entendre des gens de son propre camp démocrate s'opposer à lui, alors que vous avez la chance d'être entouré de fidèles comme on n'en voit plus. Le chef de l'UMP, Xavier Bertrand, ne vient-il pas de déclarer à quelques semaines des élections : « Chaque région gagnée constituera une victoire. » Il a eu la simplicité de ne pas ajouter que chaque région perdue constituerait une défaite, mais on sent qu'il le pense très fort. Vous avez aussi le privilège d'avoir en la personne de Frédéric Lefebvre un porte-parole qui vous aime tellement que le jour où vous vous foulez la cheville, il porte un plâtre par solidarité présidentielle. Et puis, reconnaissez avec moi qu'il vaut mieux avoir en face de soi un homme intelligent qui va recevoir le prix Nobel de la paix plutôt qu'un personnage lamentable comme son prédécesseur qui a dit un jour: « La chose qui est importante pour moi c'est de toujours me souvenir quelle est la chose la plus importante. »

Comment ça, y a pas d'histoire ?
12 décembre 2009

Voilà que les bacheliers qui arrivent en classe S seront désormais considérés comme des étudiants connaissant suffisamment l'histoire pour que cette matière devienne désormais facultative. Le ministre Luc Chatel ignore sûrement qu'une jeune fille a interrogé un policier l'autre jour en lui disant : « Mais que signifie l'avenue Gal de Gaulle ? ». Il a fallu lui expliquer que le général avait subi une contraction qui n'a rien à voir avec les prémices d'un accouchement. Le ministre de l'Éducation nationale devrait savoir qu'un journaliste, effectuant un micro-trottoir, demandait aux passants ce qu'ils pensaient de l'éventuelle entrée de Camus au Panthéon. Il a recueilli cette réponse : « On ne va tout de même pas faire entrer le manager de Johnny Hallyday au Panthéon, il est toujours vivant ! » Il est vrai que même mort, le brave Jean-Claude Camus devra attendre longtemps avant de rejoindre Victor Hugo et Jean Moulin. Luc Chatel n'a sûrement pas entendu cette merveilleuse interview de Steevy Boulay au cours de laquelle on lui demandait à qui, ou à quoi, lui faisait penser Clemenceau et qui s'est écrié : « C'est terrible, j'hésite toujours entre la station de métro et le sous-marin, mais je crois bien que c'est le sous-marin. » Cela est triste quand on sait, comme tout le monde ou presque, que *Clemenceau* n'est pas un sous-marin mais un porte-avions. En attendant que le gouvernement rétablisse l'histoire parmi les matières obligatoires, je trouve une circonstance atténuante à notre ministre : ne condamnons pas un homme politique qui décide de ne plus nous raconter d'histoires, c'est tellement rare.

EH BIEN, DANSEZ MAINTENANT !

19 décembre 2009

L'honnêteté me conduit à avouer que parmi les millions de téléspectateurs et d'internautes qui ont vu (pour s'informer) et revu (pour le plaisir) le clip enregistré cet été par une demi-douzaine de ministres du gouvernement, je n'ai pu faire exception : j'ai bien ri. Voir Mme la ministre des Finances et M. le ministre du Budget chanter : « On veut changer le monde » en se déhanchant dans un champ de luzerne, il n'y a rien de tel pour remonter le moral des chômeurs, et c'est donc parmi les Français qui travaillent qu'on a entendu des critiques : l'ancien ministre Luc Ferry n'y est pas allé par quatre chemins en s'écriant : « C'est dégoulinant de connerie ! »

Oh ! Le vilain, lui qui a administré l'Éducation nationale aurait tout de même pu faire preuve d'un peu de tolérance avec des gens qui ont eu le courage d'oublier leur métier pour nous divertir un peu. Et force est de constater qu'ils y sont parvenus.

Quand on reçoit notre feuille d'impôt, il est rare que Mme Lagarde nous fasse sourire, mais quand elle pousse la chansonnette dans les prés avec ses camarades choristes Darcos, Morano et Woerth, elle devient formidable de drôlerie. J'ai regretté l'absence de tutus et de collants car là c'eût été proprement irrésistible. Qu'on ne vienne pas me dire que nos ministres auraient dû s'abstenir. C'est beaucoup plus difficile de nous faire rire que de nous faire pleurer. Or, voici que par un étonnant cumul de mandats, nos politiques nous font pleurer de rire. On ne va tout de même pas bouder notre plaisir. Laurent Gerra et Nicolas Canteloup n'ont qu'à bien se tenir. Et cela me conduit à rappeler à nos gouvernants cette pensée de Coluche : « Je ferai aimablement remarquer aux hommes politiques qui me prennent pour un rigolo, que ce n'est pas moi qui ai commencé. »

Lettre au petit Père Noël

26 décembre 2009

Mon cher Sarko, je vous écris une lettre que vous lirez peut-être si vous avez le temps. J'ai beaucoup de cadeaux à vous demander car bien qu'étant une grande personne je fais partie des 45 % de Français qui croient encore au Père Noël et qui par conséquent vous font confiance. D'abord, j'ai remarqué la tristesse qui se lit sur les visages de plusieurs de vos ministres. Il faut leur redonner de la joie, et le seul moyen est de leur proposer du travail ; en effet quand vous essayez de faire repartir les trains bloqués par la neige en passant un savon au P-DG de la SNCF, vous faites le boulot du secrétaire d'État aux Transports. Quand vous négociez la future libération d'une jeune manifestante française retenue à Téhéran, vous faites le boulot de Kouchner. Quand vous pardonnez à Thierry Henry d'avoir mis la main à la pâte, vous faites le boulot de Mme Bachelot qui, pour des raisons de grippe A, est déjà dans la seringue. En revanche, vous avez laissé Mmes Lagarde et Morano et MM. Darcos et Woerth danser la Carmagnole et chanter dans l'herbe et malgré leurs sourires béats on sentait bien que vous leur manquiez. Faites-nous le cadeau de chanter au moins une fois en 2010, vous avez un bel exemple à la maison. Ce serait bien aussi de laisser tomber le débat sur l'identité nationale : tout le monde sait qu'être français c'est aimer la bouffe et la bagnole, frauder le fisc et passer des heures au lit à deux conditions : ne pas dormir et ne pas être seul. Ce n'est pas la peine de débattre de ça, tout le monde est d'accord.

LES VŒUX DE LA VEILLE

2 janvier 2010

J'aurais voulu vous dire mes vœux vendredi
Mais moi, dans *France-Soir*, eh bien c'est le samedi.
Elle a pris fin, enfin, cette année de la crise
Elle dont on disait qu'elle allait être grise
Sans gros pouvoir d'achat, sans croissance, sans joie
Sans salaire augmenté, sans création d'emploi.

Ouf ! Ça y est c'est fini ; un nouvel an commence ;
Sarko jurait hier que c'était la relance,
Qu'on allait voir, ah oui, ce que l'on allait voir,
Sans gagner le bonheur au moins l'apercevoir.

Johnny est fatigué ses fans ont déchanté.
Dieu merci, des ministres à sa place ont chanté.
Il faudrait désormais que chacun joue son rôle
Et que nos gouvernants n'essaient pas d'être drôles.

Sous prétexte de brocarder les socialistes
Dans la majorité, on joue les humoristes.
On est en droit de dire qu'ils ont du culot
D'oser des chansonniers imiter le boulot.

D'avance ils sont battus car avec les impôts
Jamais ils ne pourront paraître rigolos.
Alors qu'ils continuent à nous désabuser
Laissant les contribuables avec nous s'amuser.

Qu'ils nous promettent encore une très bonne année,
Contre les illusions on n'est pas vacciné.

La galette des rois

9 janvier 2010

Les mauvais esprits pourraient croire que, par ce titre, je fais allusion au bonus que s'offrent chaque année les pauvres P-DG de nos grandes entreprises. Eh bien non, je m'en tiens au premier degré et vous parle du Conseil des ministres de mercredi dernier, au cours duquel le gouvernement a tiré les rois. Conscient du goût de ses ministres pour la galette, le président a eu la bonne idée de prévoir non pas une mais plusieurs fèves pour chacun. Fillon a reçu 365 fèves en forme de couleuvre, ce qui va lui permettre de continuer à en avaler une par jour. Roselyne Bachelot a failli s'étrangler en recevant 92 millions de fèves mais Sarko l'a autorisée à en rendre 50 millions au fabricant, c'est-à-dire aux laboratoires dont les P-DG, en apprenant la nouvelle, ont vu leurs joues se creuser aussi vite que le trou de la Sécurité sociale. Mme la ministre de la Justice, Michèle Alliot-Marie, a eu droit à deux fèves : l'une en forme de glaive, l'autre de balance, et elle a eu du mal à les avaler. Mme Lagarde a été privée de fèves par Nicolas Sarkozy qui lui a dit : « Tu es ministre de l'Économie il faut donner l'exemple. » Jean-Louis Borloo, n'ayant qu'une fève, l'a courageusement avalée, en la trouvant tout de même un peu bouchonnée à son goût. Bernard Kouchner s'est contenté de recracher sa fève dans l'assiette de Rama Yade, tandis qu'Éric Besson a carrément expulsé la sienne que l'on a retrouvée le lendemain quelque part en Afghanistan où elle a annoncé qu'à la première occasion elle reviendrait en France. Le président de la République a enfin déclaré au gouvernement : « Mon gâteau personnel c'est le pouvoir (et non pas le pouvoir personnel c'est mon gâteau) car la cerise sur le gâteau, c'est Carla, une fève serait donc superflue. » Il va de soi que cette belle cérémonie a été ordonnancée par le porte-parole de l'Élysée, connu désormais sous le nom de Frédéric La Fève.

Bonus horribilis

23 janvier 2010

Sale temps pour les humoristes : les one-man shows se multiplient, les plaisantins se reproduisent entre eux, ça gagne les médias depuis longtemps et nos politiciens depuis toujours, mais hélas on ne peut pas rire de tout. À la sortie du Conseil, nos ministres ont tous le sourire sans exception. Il n'y a qu'à gauche qu'on ne rigole pas, on est trop occupé à s'entre-déchirer. Il est bien difficile de faire sourire en ces temps dramatiques où une caricature condamne son auteur à mort. Et pourtant Roselyne Bachelot a le sourire et je m'empresse de lui donner raison : elle a fait fuir le virus de la grippe A qui, ne sachant plus où se loger, a trouvé refuge dans un troupeau de dindes. Dieu merci, Noël est passé. Je soupçonne notre ministre de la Santé d'avoir vacciné le président et le gouvernement aux antidépresseurs, car la joie de Sarkozy quand Fillon le devance en popularité, le sourire de Luc Chatel quand la colère des profs augmente et le moral de Kouchner quand les affaires lui sont de plus en plus étrangères, me laissent pantois. Quant à Christine Lagarde, ministre des Finances, elle a le droit de garder le sourire car le nouveau P-DG d'EDF, Henri Proglio, a fini par lui donner raison en renonçant à un deuxième salaire. Il ne va gagner « qu' » un million et demi d'euros par an. Cependant, avec tout ce travail, où diantre va-t-il trouver le temps de recevoir ses employés qui voudraient une augmentation de salaire ? En prenant congé l'autre soir à Matignon, le Premier ministre lui a dit : « Vous allez devoir affronter les journalistes, mon pauvre ami. » Il m'a semblé que l'adjectif était quelque peu superflu.

CHAISES MUSICALES

30 janvier 2010

Comment ne pas admirer l'éclectisme de nos personnalités politiques ? J'admire déjà Jean-Louis Borloo qui vient de quitter un ministère des Finances parfaitement à sa pointure pour devenir ministre de l'Écologie, une spécialité qu'il va devoir découvrir dans les plus brefs délais. J'admire aussi Roselyne Bachelot qui a pris la responsabilité de la Santé et des Sports. Certes, pour faire du sport, il faut la santé. Cela dit, souhaitons qu'elle sépare le plus souvent possible ces deux spécialités car on aimerait bien que les champions français ne finissent pas leur carrière dans une unité de soins intensifs même si certains laboratoires n'y voient aucun inconvénient. Et puis Roselyne est une grande sensible : rappelez-vous ce cri du cœur poussé le 7 mai 2007 par notre joyeuse ministre, lorsqu'elle évoquait la soirée du 6 mai : « À vingt heures pile on annonce que Nicolas est président, c'était très émouvant : j'avais ma cuisse contre la sienne ! » Je ne sais pas s'il y a eu du sport, mais en tout cas madame a la santé. On ne va pas s'étendre sur l'éclectisme de Michèle Alliot-Marie qui a quitté la Défense pour l'Intérieur : on sait qu'entre les gendarmes et les policiers, il n'y a que la couleur de la casquette qui change. En revanche, je n'arrive pas à trouver les mots pour dire l'admiration que m'inspire le Premier ministre François Fillon : voici un homme qui n'est spécialiste de rien et responsable de tout. Je serais très inquiet pour lui s'il n'y avait pas au-dessus un spécialiste de tout qui ne laisse rien au hasard : nous avons un président qui parle de tout sans rien oublier. Mercredi dernier sur TF1, il est passé du futur traité européen à la TVA sociale, sans oublier les heures supplémentaires, le service minimum, la Coupe du monde de rugby, l'indélicatesse de PPDA, le commerce extérieur, l'immigration, etc., sans aucune note et avec beaucoup d'aisance. Sarko Ier, c'est vraiment « Spiderman 4 ». Et puisqu'on parle cinéma, ayons une pensée émue pour Alain Juppé à qui Sarkozy a rendu hommage. Cela m'a fait penser au film de James Bond intitulé : *Vivre et laisser mourir*.

À Montpellier, une promenade à la Frêche, ça craint !

6 février 2010

Essayons d'être honnête, autrement dit, mettons-nous à la place d'un juge qui dit ce qu'il pense, ou mieux encore d'un procureur faisant comme s'il n'était pas aux ordres du pouvoir en place : bref, rêvons un peu, c'est gratuit et ça va nous permettre de nous approcher de la vérité. Le tristement célèbre président de la région Languedoc-Roussillon, s'il n'est pas un gougnafier, s'est conduit comme tel quand il a affirmé que « les harkis sont des surhommes » ou bien « il y a trop de Blacks dans l'équipe de France de football ». C'est clair, cet homme est raciste, je ne dirai pas lamentablement raciste car c'eût été un euphémisme, le racisme étant parfaitement lamentable. Cela dit, je ne suis pas d'accord pour accuser ce type d'antisémitisme, sous prétexte qu'il a parlé de Fabius en déclarant : « Il a une tronche pas catholique. » Si l'ancien Premier ministre n'était pas d'origine juive, il aurait dit la même chose. Mais aujourd'hui, quand on traite de voleur un Noir qui vous prend votre portefeuille, il vous dit : « Tu me traites de voleur parce que je suis noir. » Ça m'est arrivé et j'ai dit au personnage en question : « Je te traite de

voleur, non parce que tu es noir mais parce que tu voles. »
Revenons à Georges Frêche pour dire que ce type qui continue à se réclamer de la fabuleuse idéologie socialiste me paraît aussi sincère qu'un P-DG du privé jurant qu'il se moque des bonus. Frêche disait récemment : « Tant qu'il y a 50 % des électeurs + 1 qui m'aiment la vie est belle. » Je ne suis pas certain que la vie soit aussi belle pour lui au lendemain des régionales.

C'EST BON POUR LE MORAL

20 février 2010

Si d'aventure, vous vous sentez gagnés par la colère en apprenant que Total va fermer la raffinerie de Dunkerque et congédier six cent quatre-vingts salariés tout en annonçant un bénéfice de 8 milliards d'euros en 2009 ; si votre moral en prend un coup quand vous découvrez que votre banque, la BNP, qui hésite à vous prêter des sous, a fait l'an dernier plus de 5 milliards de profits ; si vous reprochez à Mme Penchard, ministre de l'Outre-mer, de privilégier la Guadeloupe parce que c'est là qu'elle est candidate aux régionales ; si vous regrettez que le grand président qui défie la Chine en accueillant le dalaï-lama ne soit pas votre président mais celui des États-Unis, je vous conseille de regarder le journal de 13 heures de TF1. Jean-Pierre Pernault, au milieu de cette rude actualité, n'a pas hésité à l'ouvrir l'autre jour ainsi : « Nous allons commencer par un beau reportage sur la cueillette des mirabelles dans le Haut-Rhin. » Ça, c'est bon pour le moral. Vous pourriez aussi regretter, si vous êtes fan du petit nerveux qui règne à l'Élysée, de voir qu'il est largement devancé par Fillon dans les sondages de popularité. Faites-lui remarquer que le politicien français le plus populaire (76 % d'opinion favorable) travaille à 6 000 kilomètres d'ici, précisément à Washington où il préside le FMI, et s'appelle Dominique Strauss-Kahn. Et rappelez-lui aussi que DSK est talonné par Chirac, immensément apprécié des Français depuis qu'il ne travaille plus et a publié un livre de souvenirs au moment même où la mémoire lui fait défaut. Bref, pour être populaire aujourd'hui, il ne faut rien faire ou s'exiler, arrêter les frais, autrement dit prendre sa retraite. Et tant pis si la romancière Janine Boissard a dit : « La retraite c'est la permission officielle de rouiller. »

ÇA VOLE BAS DANS LA CAMPAGNE !

27 février 2010

Au moment où les sondages annoncent avec une remarquable unanimité que la gauche va garder toutes les régions qu'elle préside, les sarkozystes battus d'avance se sont jetés sur un candidat socialiste « pas très catholique », comme dirait le célèbre Frêche, sous prétexte que son casier judiciaire souffrirait d'une virginité un peu écornée. Le dénommé Ali Soumaré, déjà handicapé par sa situation de candidat noir et de gauche, a été condamné jadis pour avoir volé avec violences. Avant même de savoir qu'il a payé sa dette, qu'il était adolescent au moment des faits et que les autres délits on été commis par un homonyme, les ennemis politiques du jeune homme ont sorti la grosse cavalerie. « Comment le PS a-t-il pu faire le choix insultant de nommer un délinquant lourdement condamné pour représenter les Val-d'Oisiens ? », demande le député UMP Axel Poniatowski. « Sous le maillot rose du candidat Ali Soumaré, il y a un délinquant multirécidiviste chevronné », déclare le maire UMP de Franconville, Francis Delattre. Quant à l'inévitable porte-parole de l'UMP, Frédéric Lefebvre, il affirme : « Il a conduit sans permis mais il y a beaucoup d'autres choses, vol, vol avec violence, donc des choses très graves. » Or, finalement, à part des faits prescrits, il n'y a plus rien. M. Lefebvre manque d'expérience, sinon il saurait qu'un ancien délinquant a toutes les chances d'être élu. Son ami Balkany, condamné pour avoir confondu son argent avec celui de sa mairie, a été brillamment réélu maire de Levallois. Jean Tiberi, terriblement bousculé par la justice pour avoir essayé de faire voter des morts, a été brillamment réélu maire du 5e arrondissement de Paris. Et ne parlons pas de cet ancien chef d'État qui va bientôt passer en correctionnelle pour avoir laissé pousser des emplois fictifs dans sa mairie avant d'être brillamment élu président de la République. Allons, soyons tolérants, même si, comme disait Paul Claudel, « la tolérance il y a des maisons pour ça ».

La position du visionnaire

6 mars 2010

« Presque toujours en politique, le résultat est contraire à la prévision. » C'est ainsi que Chateaubriand a trouvé une excuse aux quelques personnalités politiques qui, de temps en temps, se piquent de nous prédire l'avenir. Notre joyeuse ministre de la Santé Roselyne Bachelot a cru bon à l'automne dernier de faire acheter par l'État 95 millions de seringues destinées à vacciner 64 millions de Français contre la grippe A, estimant que cela devait suffire à contenir le fléau menaçant la santé de 80 % des citoyens. Le pourcentage était exact, mais Mme Bachelot n'avait pas prévu qu'il représenterait le nombre d'ex-futurs grippés bien décidés à éviter la seringue. Dans cette intéressante catégorie de visionnaires, il serait malhonnête de ne pas citer M. Galouzeau de Villepin qui, en 1997, a convaincu Chirac de dissoudre l'Assemblée nationale, ce qui, disait-il, « allait mettre les socialistes à la rue pour vingt-cinq ans ». Trois mois plus tard, la gauche s'installait au pouvoir pour cinq ans. À la place de Sarkozy, je me méfierais des visionnaires. Il a choisi, entre autres, un conseiller nommé Alain Minc. Sans doute ignore-t-il que cet élégant personnage a crié haut et fort en 1995 que Chirac n'avait aucune chance d'être élu président. En 2003, il a donné raison à Bush de faire la guerre à l'Irak, parce que ce pays, disait-il, possédait des armes de destruction massive, ce qui s'est avéré parfaitement faux. C'est aussi M. Minc qui a tenté de convaincre tout le monde que la crise financière née en septembre 2008 rendrait l'âme avant Noël. Aussi les socialistes devraient-ils laisser le Grand Chelem au XV de France de rugby, car comme disait l'académicien Alain Peyrefitte, « c'est difficile de faire des prévisions, surtout quand il s'agit de l'avenir ».

PIGEON VOTE

13 mars 2010

Alors il vient ce Grand Chelem Martine, oui ou non ? De gauche à droite, du *Nouvel Observateur* à *Valeurs actuelles*, on nous rebat les oreilles sur la quasi écrasante victoire socialiste aux régionales des 14 et 21 mars prochains. On sait que la droite détient deux régions sur vingt-deux, soit pas tout à fait 10 % du territoire. Ce n'est pas beaucoup et si l'on en croit les pronostics, dans une semaine ce ne sera plus rien du tout. En effet, même l'Alsace qui vote à droite depuis Louis XVIII pourrait basculer à gauche ; elle joue sur l'UMP plus le Nouveau Centre plus le Centre droit (cherchez la différence), la gauche moderne (si, si elle est à droite) et l'ex-UDF Richert qui n'ose pas trop dire qu'il appartient à l'UMP ! Je souhaite du courage aux électeurs. Quant à la gauche, elle a pris sur sa liste la fille d'un ancien UDF, alors que les écologistes qui ont le vent en poupe jurent être partisans du « ni droite, ni gauche » et font la cour au centre. Alors là, ce n'est pas de courage mais de pur héroïsme dont les braves électeurs alsaciens devront faire preuve pour s'y retrouver. Et puis il y a la Corse que la droite rêve de récupérer. Dimanche, en allant aux urnes, les résidents de l'île de Beauté devront ne pas oublier que Bucchini (Front de gauche) soutient Santini (président) tandis que Renucci (Centre droit) craint que Talamoni (Corsica Libera) ne fasse barrage à Simeoni (Femu a Corsica) pour que Battini (Forza Corsica) prenne ses responsabilités face à Cardi (Front national). Ça va barder, on va sûrement sortir les gilets pare-balles. Comme dit mon ami Jean Amadou : « En métropole il y a la France d'en haut et la France d'en bas, et en Corse il y a la France du milieu ! »

Deux petits tours et puis s'en vont

20 mars 2010

Eh oui ! C'est le sort réservé aux quelques centaines d'anonymes qui auront essayé d'exister politiquement en trouvant une place sur les listes régionales et qui vont disparaître dimanche soir. Incroyable mais vrai : l'UMP, parti d'un président remarquablement élu il y a moins de trois ans, obtient son résultat le plus catastrophique de l'histoire des partis présidentiels depuis 1958.

Heureusement, à gauche comme à droite, on a trouvé matière à rire et à sourire depuis dimanche dernier. Le résultat que l'on connaît n'a pas empêché le patron de l'UMP, Xavier Bertrand, de dire : « Nous sommes bien placés pour le second tour dans plusieurs régions », ni l'ineffable porte-parole de l'UMP Frédéric Lefebvre d'affirmer que les 17 millions de Français ayant voté Sarko en 2007 se sont abstenus au premier tour. J'ai entendu comme tout le monde le sénateur Gérard Longuet, fou de joie d'être blanchi dans la vieille affaire du financement de son ancien parti, déclarer que, pour s'occuper des discriminations et de l'égalité il fallait quelqu'un qui soit issu, je cite, « du corps français traditionnel », ce qui, selon lui, exclut Malek Boutih, étant donné qu'il est d'origine nord-africaine.

Le brave Longuet devrait remonter dans l'estime de Le Pen. J'ai entendu l'écologiste Hascoët raconter : « Le Drian a pris sept écolos, j'en voulais quatorze, alors Le Drian a bien voulu en prendre neuf puis il est monté à onze alors qu'il m'en fallait treize. » C'est ça la cuisine qui passionne les électeurs et entretient leur respect du politique. Enfin, mardi dernier, dans un petit village d'Ardèche où l'on enterrait Jean Ferrat, j'ai entendu cinq mille personnes chanter « Aimer à perdre la raison ». J'étais heureux. Il n'y a eu aucune abstention et Ferrat n'était pas candidat.

Le petit timonier

27 mars 2010

« On garde le cap. » C'est le mot d'ordre qui, parti de l'Élysée au soir du second tour des élections régionales, a été imposé aux membres de l'UMP. Bien sûr, on ne pouvait pas s'en tenir là, étant donné que le parti présidentiel venait d'enregistrer son résultat le plus calamiteux dans une élection de conseillers régionaux depuis le début de la Ve République. Aussi notre petit timonier, tout en décidant de garder le cap, a-t-il juré avoir entendu le message des Français : d'ailleurs, il a remplacé M. Woerth par M. Baroin et M. Darcos par M. Woerth tout en accueillant M. Tron. On n'imagine sûrement pas le soulagement des électeurs momentanément fâchés avec le petit timonier. Il est vrai que notre président n'a pas la seconde partie de son quinquennat facile ; tandis que l'opposition joue à être unie, la majorité se déchire ; l'abandon de la taxe carbone désespère Mme la secrétaire d'État Jouanno au point de lui faire oublier qu'elle est championne de France de karaté. Et puis il y a le bouclier fiscal dont le petit timonier espérait se faire un gilet pare-balles et qui devient un épouvantable boomerang. En plafonnant les impôts sur le revenu à 50 %, Sarko, qui a pourtant été ministre du Budget, a fait une vilaine erreur de calcul : il a oublié que pour payer la moitié de son salaire en impôts il faut gagner beaucoup d'argent. Seuls, donc, les hauts salaires profitent de la mesure, c'est aussi simple que ça ; quant aux autres, eh bien ils votent aux régionales et on a vu le résultat. Alors quand notre petit timonier décide de garder le cap, on comprend que la gauche rêve que ce soit le cap Horn, tandis qu'à l'UMP on espère sans trop y croire qu'il s'agit du cap de Bonne-Espérance.

NICOLAS MADOFF

5 juin 2010

Nombreux sont ceux qui, à l'UMP bien sûr, mais aussi au PS se sont demandé quelle vilaine mouche de droite a bien pu piquer Martine Aubry pour qu'elle compare le président Sarkozy à l'escroc Madoff. Le talentueux gangster électronique a trompé ses clients pendant vingt ans pour réaliser la plus formidable escroquerie réussie depuis que l'argent existe, alors que Sarko n'a jamais trompé personne, comme on dit à l'UMP, ou bien il trompe les Français, mais seulement depuis trois ans, comme on dit au PS. Madoff est de taille moyenne, Sarko est un peu en dessous. L'Américain est à l'âge de la retraite, tandis que le Français n'a que cinquante-cinq ans, et est un adepte du « travailler plus pour gagner ce que l'on peut ». Madoff n'a jamais été président des États-Unis, alors que Sarko doit bien en rêver de temps en temps. Non, décidément je ne vois pas ce qui a pu conduire la première secrétaire du PS à oser une telle comparaison. Il doit bien y avoir un but recherché quand on fait le parallèle entre notre chef de l'État et un escroc avéré. Si l'on était en Italie, le propos de Martine Aubry apparaîtrait d'une telle banalité qu'il passerait inaperçu, tant les commentaires de cette nature pullulent à l'endroit de Berlusconi. Eurêka ! C'est bien sûr : la dame socialiste s'est prise à rêver d'un point commun entre Madoff et Sarkozy : l'Américain est condamné à cent cinquante ans de prison ! Rêve Martine ! Rêve ! Il est aisé de supposer qu'en retrouvant la liberté, Madoff ne sera pas très fringant. C'est long cent cinquante ans. Cela me fait penser à Woody Allen qui a dit : « L'éternité, c'est long, surtout vers la fin. »

Fiascocorico

19 juin 2010

L'équipe de France de football rêvait paraît-il de la Coupe du monde. Résultat: elle s'est coupé du monde. Depuis que les « pauvres » Bleus sont rentrés à la maison (qui par avion de ligne, qui par avion privé, mais personne par charter), on ne trouve plus un Français pour leur trouver des excuses. Le brave président Escalettes et sa Fédération avaient pourtant fait l'impossible pour leur éviter tout souci matériel: des chambres à près de 600 euros la nuit, en Afrique du Sud, là où les citoyens devraient travailler trois mois pour y passer vingt-quatre heures, un entraîneur sans aucune autorité pour qu'ils se sentent vraiment libres et deux dames ministres pour leur soutenir le moral. La secrétaire d'État Rama Yade n'a pas eu besoin de rappeler qu'en prenant ses fonctions, elle avait avoué: « Je ne connais rien au sport, c'est vrai. Mais les droits de l'homme non plus je n'y connaissais rien; je vais apprendre. » Courage Rama! Quant à Roselyne Bachelot, elle est restée avec les Bleus jusqu'à leur dernier match dont on connaît l'issue. Avant la rencontre, elle parlait d'un groupe uni et solidaire; après elle condamnait des enfants gâtés inconscients: en opérant un virage à 180 degrés en moins de vingt-quatre heures, Roselyne a montré qu'elle était à sa place au ministère des Sports. Il a bien fallu qu'elle condamne le refus des joueurs de s'entraîner et la lecture du texte de refus récité par l'entraîneur lui-même. Vous imaginez Sarkozy lisant dans la cour de l'Élysée un communiqué des ministres annonçant leur décision de ne pas assister au Conseil ? Allons, tournons-nous vers l'avenir et souhaitons bon courage au nouvel entraîneur Blanc (Laurent), qui n'a rien à voir avec le secrétaire d'État Blanc (Christian). Dieu merci, le premier fume beaucoup moins de cigares que le second. Et puis chacun sait (en particulier Ribéry) qu'un entraîneur, ça coûte tout de même moins cher qu'une entraîneuse.

Composition et mise en pages réalisées par
Compo 66 – Perpignan
0114/2010

Éditions du Rocher
28, rue du Comte-Félix-Gastaldi
98000 Monaco
www.editionsdurocher.fr

Imprimé en France
par Corlet, Imprimeur, S.A.
14110 Condé-sur-Noireau
Dépôt légal : octobre 2010
N° d'impression : 132325